プリント形式のリアル過去問で本番の臨場感！

佐賀県

成穎中学校

2025年春 受験用

解答集

本書は，実物をなるべくそのままに，プリント形式で年度ごとに収録しています。
問題用紙を教科別に分けて使うことができるので，本番さながらの演習ができます。

■ 収録内容

・解答集(この冊子です)

書籍ＩＤ番号，この問題集の使い方，最新年度実物データ，リアル過去問の活用，
解答例と解説，ご使用にあたってのお願い・ご注意，お問い合わせ

・2024(令和６)年度 ～ 2022(令和４)年度　学力検査問題

JN132317

○は収録あり	年度	'24	'23	'22		
■ 問題(前期)		○	○	○		
■ 解答用紙		○	○	○		
■ 配点		○	○	○		

算数に解説
があります

☆問題文等の非掲載はありません

教英出版

■ 書籍ＩＤ番号

入試に役立つダウンロード付録や学校情報などを随時更新して掲載しています。
教英出版ウェブサイトの「ご購入者様のページ」画面で，書籍ＩＤ番号を入力してご利用ください。

書籍ＩＤ番号　105141

（有効期限：2025年9月30日まで）

【入試に役立つダウンロード付録】
「要点のまとめ(国語／算数)」
「課題作文演習」ほか

■ この問題集の使い方

年度ごとにプリント形式で収録しています。針を外して教科ごとに分けて使用します。①片側，②中央のどちらかでとじてありますので，下図を参考に，問題用紙と解答用紙に分けて準備をしましょう（解答用紙がない場合もあります)。

針を外すときは，けがをしないように十分注意してください。また，針を外すと紛失しやすくなりますので気をつけましょう。

① 片側でとじてあるもの

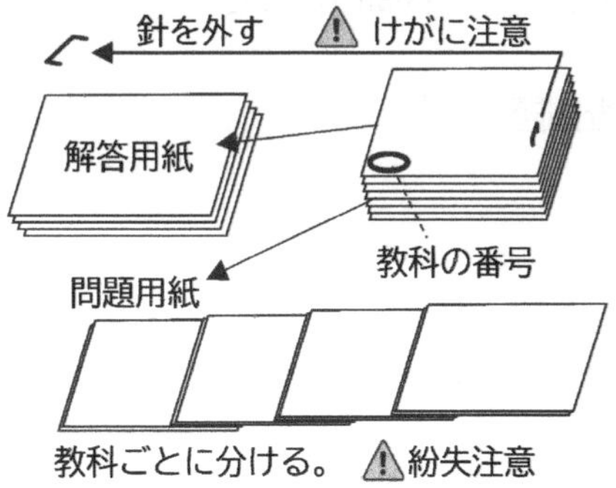

② 中央でとじてあるもの

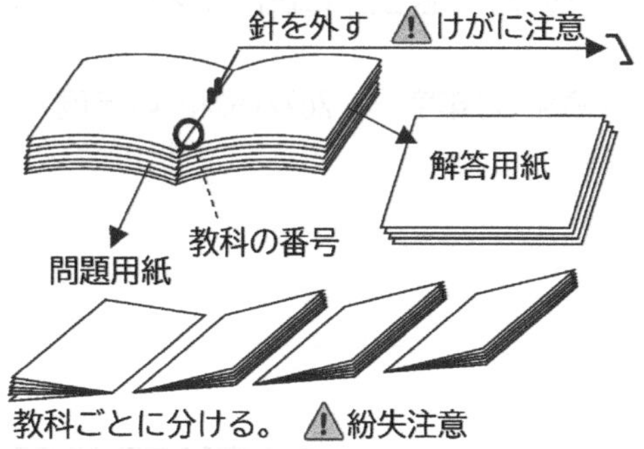

※教科数が上図と異なる場合があります。
解答用紙がない場合や，問題と一体になっている場合があります。
教科の番号は，教科ごとに分けるときの参考にしてください。

■ 最新年度 実物データ

実物をなるべくそのままに編集していますが，収録の都合上，実際の試験問題とは異なる場合があります。実物のサイズ，様式は右表で確認してください。

問題用紙	Ａ４冊子(二つ折り)
解答用紙	国：Ａ３片面プリント 算：Ｂ４片面プリント

リアル過去問の活用

~リアル過去問なら入試本番で力を発揮することができる~

本番を体験しよう！

問題用紙の形式（縦向き / 横向き），問題の配置や余白など，実物に近い紙面構成なので本番の臨場感が味わえます。まずはパラパラとめくって眺めてみてください。「これが志望校の入試問題なんだ！」と思えば入試に向けて気持ちが高まることでしょう。

入試を知ろう！

同じ教科の過去数年分の問題紙面を並べて，見比べてみましょう。

① 問題の量

毎年同じ大問数か，年によって違うのか，また全体の問題量はどのくらいか知っておきましょう。どのくらいのスピードで解けば時間内に終わるのか，大問ひとつにかけられる時間を計算してみましょう。

② 出題分野

よく出題されている分野とそうでない分野を見つけましょう。同じような問題が過去にも出題されていることに気がつくはずです。

③ 出題順序

得意な分野が毎年同じ大問番号で出題されていると分かれば，本番で取りこぼさないように先回りして解答することができるでしょう。

④ 解答方法

記述式か選択式か（マークシートか），見ておきましょう。記述式なら，単位まで書く必要があるかどうか，文字数はどのくらいかなど，細かいところまでチェックしておきましょう。計算過程を書く必要があるかどうかも重要です。

⑤ 問題の難易度

必ず正解したい基本問題，条件や指示の読み間違いといったケアレスミスに気をつけたい問題，後回しにしたほうがいい問題などをチェックしておきましょう。

問題を解こう！

志望校の入試傾向をつかんだら，問題を何度も解いていきましょう。ほかにも問題文の独特な言いまわしや，その学校独自の答え方を発見できることもあるでしょう。オリンピックや環境問題など，話題になった出来事を毎年出題する学校だと分かれば，日頃のニュースの見かたも変わってきます。

こうして志望校の入試傾向を知り対策を立てることこそが，過去問を解く最大の理由なのです。

実力を知ろう！

過去問を解くにあたって，得点はそれほど重要ではありません。大切なのは，志望校の過去問演習を通して，苦手な教科，苦手な分野を知ることです。苦手な教科，分野が分かったら，教科書や参考書に戻って重点的に学習する時間をつくりましょう。今の自分の実力を知れば，入試本番までの勉強の道すじが見えてきます。

試験に慣れよう！

入試では時間配分も重要です。本番で時間が足りなくなってあわてないように，リアル過去問で実戦演習をして，時間配分や出題パターンに慣れておきましょう。教科ごとに気持ちを切り替える練習もしておきましょう。

心を整えよう！

入試は誰でも緊張するものです。入試前日になったら，演習をやり尽くしたリアル過去問の表紙を眺めてみましょう。問題の内容を見る必要はもうありません。どんな形式だったかな？受験番号や氏名はどこに書くのかな？…ほんの少し見ておくだけでも，志望校の入試に向けて心の準備が整うことでしょう。

そして入試本番では，見慣れた問題紙面が緊張した心を落ち着かせてくれるはずです。

※まれに入試形式を変更する学校もありますが，条件はほかの受験生も同じです。心を整えてあせらずに問題に取りかかりましょう。

2024 解答例 令和6年度　成穎中学校

《国　語》

一　問一．㋐おぎな　㋑迷い　㋒窓　㋓検討　㋔ただ　問二．ウ　問三．イ　問四．自分の経験
問五．自分の経験を絶対視する人の意見は客観性が失われ、科学的な事実と違う可能性が高いから。　問六．エ
問七．イ

二　問一．㋐とど　㋑まじめ　㋒謝った　問二．ア　問三．自分の想像を超えたところにあると思ったから。
問四．ウ　問五．エ　問六．㋐型通りなら誰が活けても同じ　㋑自分が活け花をする理由が分からなくなっている　問七．イ

三　問一．①勇ましい　②防衛　③賛辞　④故郷　⑤究める　⑥易しい　⑦旗　⑧浴びる　⑨貧富
⑩博識　⑪綿密　⑫あやま(る)　⑬ようさん　⑭こくいん　⑮ふる(う)　問二．①いらっしゃる
②差し上げる　③ご覧になる　問三．［主語／述語］　①［雨が／降る］　②［母は／着く］　③［鳥が／飛ぶ］
問四．①カ　②ク　③イ　問五．①カ　②キ　③ウ　④イ　⑤ア　⑥エ

四　(１字あける)私は、よりよい人間関係を築くためには、自分からあいさつをすることが大切だと思います。(改行)小学一年生の時、クラスには知らない人ばかりでとてもきんちょうしたのをおぼえています。しかし、勇気を出してとなりの人にあいさつをしたことで、小学校で初めての友だちを作ることができました。中学校でも率先してあいさつを行い、たくさんの友だちを作っていきたいです。

《算　数》

1　(1)28　(2)$\frac{1}{12}$　(3)5.34　(4)100

2　(1)52　(2)8　(3)4　(4)60　(5)189　(6)36

3　(1)①15　②42　③7　④6　(2)①33　②650　(3)①3　②2.7

4　(1)27　(2)9　(3)113

5　(1)①30　②580　(2)94　(3)1710

2024 算数解説 ▶ 成穎中学校
令和6年度

1 (1) 与式＝12＋8×2＝12＋16＝**28**

(2) 与式＝$\frac{6}{60}+\frac{8}{60}-\frac{9}{60}=\frac{5}{60}=$**$\frac{1}{12}$**

(3) 与式＝1－0.56＋4.9＝0.44＋4.9＝**5.34**

(4) 与式＝$(\frac{15}{10}\times\frac{4}{5}-\frac{55}{100}\div\frac{11}{4})\times100=(\frac{6}{5}-\frac{55}{100}\times\frac{4}{11})\times100=(\frac{6}{5}-\frac{1}{5})\times100=1\times100=$**100**

2 (1) $\frac{39}{8}$時間＝4$\frac{7}{8}$時間＝4時間$(\frac{7}{8}\times60)$分＝4時間$\frac{105}{2}$分＝4時間52$\frac{1}{2}$分＝4時間52分$(\frac{1}{2}\times60)$秒＝4時間**52**分**30**秒

(2) **【解き方】48以下の倍数が6個以上ある整数をさがし，それぞれの倍数の個数から，7以下の倍数の個数を引いて，6個になるものを求める。**

48÷6＝8より，1から8までの整数はそれぞれ48以下の倍数を6個以上もつ。ただし，8個の整数すべてに対して倍数の個数を考えるのは時間がかかるので，4以下の整数について考えてみる。48以下の4の倍数は，48÷4＝12(個)，7以下の4の倍数は4の1個だから，4の倍数の個数は12－1＝11(個)となり，6個より多い。

同様に，1から3までの整数についても，明らかに6個より多いから，5以上の整数について表にまとめると，右のようになる。

	5	6	7	8
48以下の倍数(個)	9	8	6	6
7以下の倍数(個)	1	1	1	0
8以上48以下の倍数(個)	8	7	5	**6**

よって，8以上48以下の倍数を6個もつ整数は**8**である。

(3) **【解き方】樹形図をかいて求める。**

コインの出方と出た数字は右図のとおりである。出た3つの数字の和が20未満となるのは，☆をつけた**4**通りである。

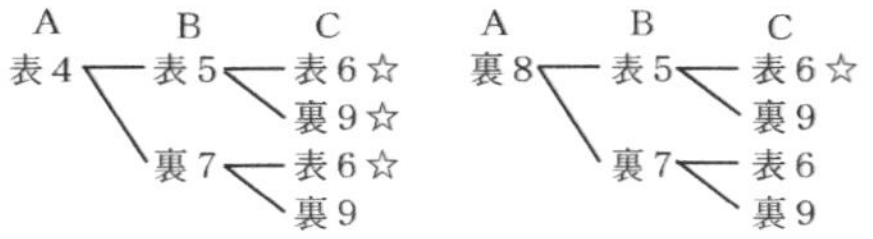

(4) 右の筆算より，130を素数の積で表すと，130＝2×5×13である。このかけ算を，(1けたの整数)×(2けたの整数)の形で表すと，2×65，5×26の2通りの方法で表せる。

よって，ア＝2，イ＝6，ウ＝5だから，ア×イ×ウ＝2×6×5＝**60**である。

2) 130
5) 65
13

(5) 子ども全体の人数を㉖＋㊲＝(63)とすると，移動後のA，Bグループの人数比は1：2だから，Aグループの人数は(63)÷(2＋1)＝㉑である。㉖－㉑＝⑤が15人にあたるから，子ども全体の人数は，15×$\frac{(63)}{⑤}$＝**189**(人)である。

(6) **【解き方】歯車の歯の数は，回転数の逆比になることを利用する。**

Bの歯の数を増やす前後の回転数の比は，1：(1－0.2)＝5：4である。よって，歯の数を増やす前後の歯の数の比は，5：4の逆比の4：5になる。比の数の差の5－4＝1が歯の数9つにあたるから，歯の数を増やす前のBの歯の数は，9×$\frac{4}{1}$＝**36**である。

3 (1)① 5年生で算数が1番好きな人の割合は，帯グラフより5年生全体の$\frac{5}{40}$だから，120×$\frac{5}{40}$＝**15**(人)である。

② 6年生で国語が1番好きな人の割合は，円グラフより6年生全体の$\frac{108^\circ}{360^\circ}$だから，140×$\frac{108^\circ}{360^\circ}$＝**42**(人)である。

③ 6年生で算数が1番好きな人と体育が1番好きな人の割合の合計が全体の4割なので，それぞれの円グラフにおける，おうぎ形の中心角の合計は360°×0.4＝144°になる。よって，算数が1番好きな人のおうぎ形の中心角は144°－90°＝54°となり，人数が140×$\frac{54^\circ}{360^\circ}$＝21(人)だから，5年生で国語が1番好きな人も21人とわかる。

したがって，5年生の帯グラフで，国語の長さは40×$\frac{21}{120}$＝**7**(cm)である。

④ ③より，6年生で算数が1番好きな人は21人だから，算数の長さは40×$\frac{21}{140}$＝**6**(cm)である。

(2)① **【解き方】9枚ずつ配ったときと，実際配ったときの枚数の差に注目する。**

高校生と中学生に9枚ずつ配ったときの枚数は，9×(18＋22)＝360(枚)，実際に配った枚数は12×18＋9×22＝414(枚)である。さらに小学生に配る枚数を1人あたり9－7＝2(枚)減らすと，7＋5＋(414－360)＝66(枚)の差が出たので，小学生の人数は，66÷２＝**33**(人)である。

②　①より，参加人数の合計は33＋22＋18＝73(人)だから，折り紙の枚数は，９×73－７＝**650**(枚)である。

(3)①　**【解き方】グラフより，Ａさんは３kmの道のりを自転車で20分かけて進んだ。**

20分＝$\frac{20}{60}$時間＝$\frac{1}{3}$時間だから，Ａさんの自転車の速さは，３÷$\frac{1}{3}$＝９より，時速９kmである。自転車の速さは歩く速さの３倍なので，９÷３＝３より，Ａさんの歩く速さは時速**３**kmである。

②　**【解き方】つるかめ算を利用する。計算しやすくするために，分速に直して考える。**

Ａさんの自転車の速さは分速(９×1000÷60)ｍ＝分速150m，歩く速さは分速(150÷３)ｍ＝分速50mである。

帰りにかかった時間は，11時29分－10時35分－30分＝24分であり，すべて歩いたとすると，進む道のりは50×24＝1200(ｍ)となり，実際より３×1000－1200＝1800(ｍ)少ない。１分間歩くことを１分間自転車で進むことに置きかえると，進む道のりは150－50＝100(ｍ)増えるから，自転車で進んだ時間は1800÷100＝18(分)である。

よって，公園と家の間の道のりは，150×18÷1000＝**2.7**(km)である。

4　(1)　**【解き方】本数が増えると同じ形がくり返される。【６本】の図形をもとに考える。**

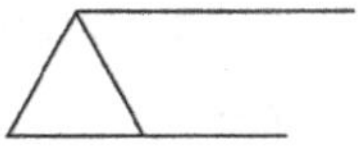

【６本】

正三角形を５個つくるためには，【６本】の図形を４つ並べ，さらに棒を３本並べて，正三角形を１つつくればよい。よって，必要な棒の本数は６×４＋３＝**27**(本)である。

(2)　周りの長さが２m28 cm＝228 cmのとき，図形の周りのななめの棒の長さの合計は，６×２＝12(cm)なので，上下に横並びする棒の長さの合計は228－12＝216(cm)である。【６本】の図形の上下に横並びする４本の棒の長さは，６×４＝24(cm)なので，216÷24＝９より，この図形は【６本】の図形が９個並び，さらにななめの棒を１本並べてできた平行四辺形である。したがって，正三角形の数は全部で**９**個である。

(3)　171本の図形のなかに，【６本】の図形がいくつあるか考えてみると，171÷６＝28余り３より，【６本】の図形が28個並び，余りの３本で正三角形を１つ作ることができる。【171本】の図形の面積は，【７本】の図形の面積28個分と【３本】の図形の面積１個分の和だから，４×28＋１＝**113**(倍)である。

5　(1)①　**【解き方】右図のように，正六角形は６個の正三角形に分けられる。**

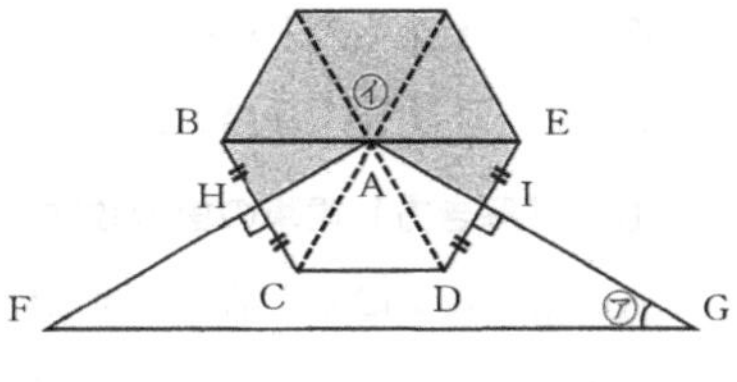

三角形ＡＢＣ，三角形ＡＥＤはそれぞれ正三角形だから，

角ＣＡＨ＝角ＤＡＩ＝60°÷２＝30°である。

よって，角ＦＡＧ＝30°×２＋60°＝120°

三角形ＡＦＧは二等辺三角形だから，角㋐＝(180°－120°)÷２＝**30°**

②　①より，㋑の面積は，正六角形を６個の正三角形に分けたうちの４個分の面積だから，870×$\frac{4}{6}$＝**580**(cm²)

(2)　**【解き方】右図で，{(㋐の面積)＋(㋒の面積)}－{(㋑の面積)＋(㋒の面積)}＝(㋐の面積)－(㋑の面積)として求めることができる。**

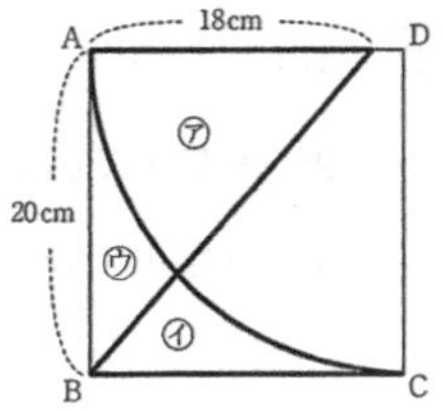

㋐と㋒の部分の面積は，18×20÷２＝180(cm²)，㋑と㋒の部分の面積は，20×20－20×20×3.14÷４＝400－314＝86(cm²)だから，求める面積の差は180－86＝**94**(cm²)

(3)　**【解き方】くりぬいた直方体の底面の正方形の対角線の長さをａcmとする。**

正方形の面積は10×10＝100(cm²)であり，正方形はひし形にふくまれるから，ａ×ａ÷２＝100よりａ×ａ＝200となる。円柱の底面の円の直径はａcmだから，半径は$\frac{a}{2}$cmなので，この円の面積は$\frac{a}{2}$×$\frac{a}{2}$×3.14＝200×$\frac{1}{4}$×3.14＝157(cm²)である。よって，立体の底面積は157－100＝57(cm²)であり，柱体の体積は(底面積)×(高さ)で求められるので，求める体積は57×30＝**1710**(cm³)である。

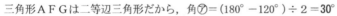

2023 解答例
令和５年度

成穎中学校

《国　語》

一　問一．㋐精神　㋑はぐく　㋒樹皮　㋓的確　㋔かおく　㋕さっこん　㋖効率　　問二．イ　　問三．ユネスコの無形文化遺産に登録されたこと。　　問四．エ　　問五．食材を調理する上、飼養、栽培して得やすく、食べやすく、美味にする点。／食事を人と人とをつなぐコミュニケーションとして利用してきた点。　　問六．Ｂ．オ　Ｃ．イ　　問七．白目があることで、対面時に相手の目の動きから心の状態を読みとることができる点。
問八．ア　　問九．ウ

二　問一．㋐敗　㋑せじ　㋒こおう　　問二．イ　　問三．勝ちを意識しすぎて自分の心を保てなかったこと。
問四．Ｂ．カ　Ｃ．ア　　問五．ウ　　問六．イ　　問七．ア　　問八．エ

三　問一．①えひめ　②いばらき　③ぎふ　④やおや　⑤寒暖　⑥故郷　⑦異存　⑧探究　⑨誤認　⑩参拝　⑪縦横　⑫奮い　⑬幼い　⑭輸送　　問二．①おのみになり　②いただき　③うかがい
問三．①不乱　②悪戦　③玉石　④本末　⑤月歩　　問四．①花が　②やんだ　③あんだ

四　（例文）

私は、佐賀県がほこるバルーンフェスタを紹介したいと思います。なぜなら、佐賀県民のだれもが知る行事であり、海外の選手も参加することが多いので、興味がわくと思ったからです。

紹介するには、まず、バルーンフェスタの情報を集め、パソコンでプレゼンテーション用の資料を作りたいと思います。多くの写真と体験談をたくさん取り入れながら説明したいと思います。

《算　数》

1　(1)51　(2)270　(3)$\frac{1}{2}$　(4)32　(5)230

2　(1)7　(2)208　(3)50　(4)8999　(5)75　(6)153

3　(1)①6　②29　(2)①10　②6　(3)①300　②8，10

4　(1)64　(2)①14.28　②1.72　(3)11　(4)①26　②28

5　(1)4200　(2)14

2023 算数解説 ▶成穎中学校
令和5年度

1 (1) 与式=36+3+12=**51**　(2) 与式=(11+59)+(23+47)+(35+95)=70+70+130=**270**

(3) 与式=$(\frac{3}{6}+\frac{2}{6})\times\frac{3}{4}-\frac{1}{8}=\frac{5}{6}\times\frac{3}{4}-\frac{1}{8}=\frac{5}{8}-\frac{1}{8}=\mathbf{\frac{1}{2}}$

(4) 与式=29+21÷(24÷6×2－1)=29+21÷(8－1)=29+21÷7=29+3=**32**

(5) 与式=(58－23+65)×2.3=100×2.3=**230**

2 (1) 子どもの人数は28と41－6=35の公約数のうち6より大きい数である。28と35の最大公約数は7だから，公約数は1と7である。このうち6より大きいのは7だけだから，子どもの人数は**7**人である。

(2) 365×0.57=208.05より，0.57年はおよそ**208**日である。

(3) 72分=$\frac{72}{60}$時間=$\frac{6}{5}$時間だから，時速(60÷$\frac{6}{5}$)km=時速**50**km

(4) A町の人口は最も多くて35499人，B町の人口は最も少なくて26500人だから，35499－26500=**8999**(人)

(5) 1日目の残りは全体の1－$\frac{1}{3}$=$\frac{2}{3}$，2日目の残りは全体の$\frac{2}{3}$×(1－$\frac{2}{5}$)=$\frac{2}{5}$だから，30ページは全体の$\frac{2}{5}$にあたる。よって，全ページ数は，30÷$\frac{2}{5}$=**75**(ページ)

(6) Bの身長を4cm減らしてAに4cm加えると，A，B，Cの3人の身長がすべて147cmになるから，3人の身長の平均は147cmである。もしDが147cmだとすると，4人の身長の平均は147cmとなる。4人の身長の平均をこれよりも1.5cm高くするためには，4人それぞれに1.5cm加えられる分だけDの身長を高くすればよいから，Dの身長に1.5×4=6(cm)を加えればよい。よって，Dの身長は，147+6=**153**(cm)

3 (1)① **【解き方】22本がすべて165円のボールペンの場合を考える。**

22本がすべて165円のボールペンだとすると，実際の金額より，165×22－3300=330(円)高くなる。

1本を165円のボールペンから110円のボールペンにおきかえると代金が165－110=55(円)低くなるから，110円のボールペンの本数は，330÷55=**6**(本)

② **【解き方】代金の合計がちょうど3300円になる買い方を見つけてから，代金の合計が変わらないようにボールペンの種類をおきかえる。**

110円のボールペンだけを買うと，3300÷110=30(本)買える。110と165の最小公倍数は330だから，110円のボールペン330÷110=3(本)を165円のボールペン330÷165=2(本)におきかえても，代金の合計は3300円のままだが，本数の合計は3－2=1(本)少なくなる。よって，どちらのボールペンも必ず1本は買って，本数の合計が最も多くなるのは，このおきかえを1回行ったときだから，求める本数は，30－1=**29**(本)

(2)① 1けたの数は1，2，3の3個ある。2けたの数は，十の位が1，2，3の3通り，一の位が1，2，3の3通りだから，3×3=9(個)ある。したがって，最大の2けたの数である33は，最初から数えて3+9=12(番目)である。31はこの2つ前だから，12－2=**10**(番目)である。

② **【解き方】「3の倍数は各位の数の和が3の倍数になる」ことを利用して数える。**

1けたの3の倍数は，3の1個である。1，2，3のうち和が3の倍数になる2つの数の組み合わせは，1と2，3と3の2組である。したがって，2けたの3の倍数は12，21，33の3個ある。123以下の3けたの3の倍数は，111，123の2個ある。よって，求める個数は，1+3+2=**6**(個)

(3)① 始業時刻の3分後に弟は学校に着いたのだから，始業時刻から100×3=**300**(m)歩いて学校に着いた。これが求める道のりである。

② **【解き方】学校に着いたあとも姉が進み続けたとすると，始業時刻には学校よりも 200×11＝2200(m)進んだ地点にいて，弟との間の道のりは 300＋2200＝2500(m)となっている。**

弟と姉の進んだ道のりの差が 2500mとなるのにかかる時間は，2500÷(200－100)＝25(分)である。したがって，家を出発してから 25 分後に始業時刻になったのだから，始業時刻は，午前 7 時 45 分＋25 分＝**午前 8 時 10 分**

4 (1) 右図のように記号をおく。三角形の１つの外角は，これととなり合わない２つの内角の和に等しいから，㋑＝50°＋52°＝102°

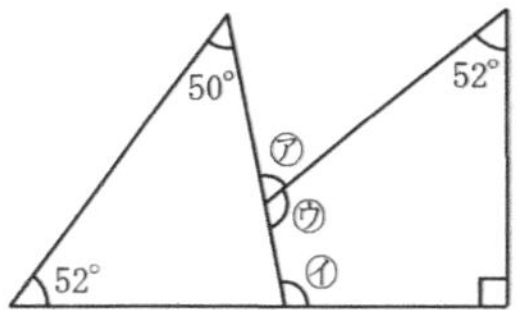

四角形の内角の和より，㋒＝360°－90°－52°－102°＝116°

よって，㋐＝180°－116°＝**64°**

(2)① 曲線ＡＢの長さは，４×２×3.14×$\frac{1}{4}$＝6.28(cm)

直線部分の長さは，４＋４＝８(cm)　　よって，まわりの長さは，6.28＋８＝**14.28(cm)**

② **【解き方】右のように作図できる。直角二等辺三角形ＯＢＣの面積からおうぎ形ＯＢＤの面積を引く。**

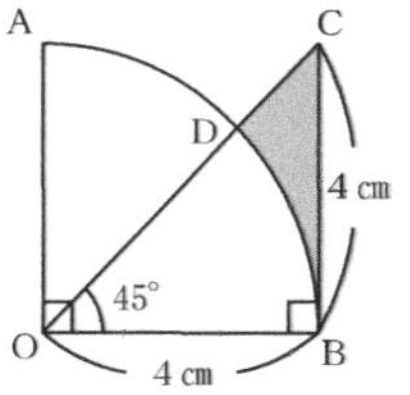

直角二等辺三角形ＯＢＣの面積は，４×４÷２＝８(cm²)

おうぎ形ＯＢＤの面積は，４×４×3.14×$\frac{45°}{360°}$＝２×3.14＝6.28(cm²)

よって，色のついた部分の面積は，８－6.28＝**1.72(cm²)**

(3) **【解き方】右図のように記号をおく。三角形ＡＢＥと三角形ＤＣＥの面積の和について考える。**

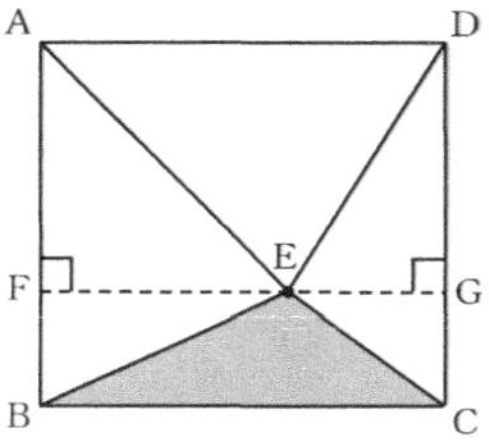

三角形ＡＢＥと三角形ＤＣＥの面積の和は，ＡＢ×ＦＥ÷２＋ＤＣ×ＧＥ÷２＝ＡＢ×ＦＥ×$\frac{1}{2}$＋ＡＢ×ＧＥ×$\frac{1}{2}$＝(ＦＥ＋ＧＥ)×ＡＢ×$\frac{1}{2}$＝ＡＤ×ＡＢ×$\frac{1}{2}$だから，長方形ＡＢＣＤの面積の$\frac{1}{2}$である。

したがって，長方形ＡＢＣＤの面積の$\frac{1}{2}$が 20＋13＝33(cm²)であり，

三角形ＡＤＥと三角形ＢＣＥの面積の和も長方形ＡＢＣＤの面積の$\frac{1}{2}$だから，三角形ＢＣＥの面積は，33－22＝**11(cm²)**

(4)① **【解き方】表面積が最も大きくなるのは，立方体をつなげるときに１つの面だけでつなげた場合である。**

表面積を最も大きくするためには右図のようにつなげばよい。立方体の１つの面の面積は１×１＝１(cm²)だから，求める表面積は，１×(６×４＋１＋１)＝**26(cm²)**

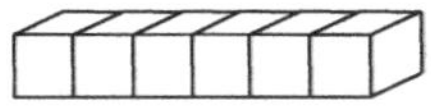

② **【解き方】表面積が最も小さくなるのは，立方体をつなげるときになるべく多くの面でつなげた場合である。**

表面積を最も小さくするためには右図のようにつなげばよい。この立体の表面積は，前後上下左右それぞれから見たときに見える面の面積の和である。

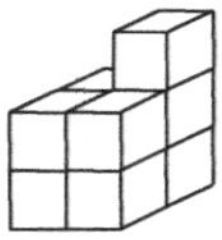

前後左右から見ると，それぞれ立方体の面が５個見える。

上下から見ると，それぞれ立方体の面が４個見える。

よって，求める表面積は，１×(５×４＋４×２)＝**28(cm²)**

5 (1) グラフから右図のように高さがわかる。高さ 20 cmまでの部分に入る水の体積は，21×50×20(cm³)で，これが５分で入るから，水そうに入れる水の量の割合は，毎分$\frac{21×50×20}{5}$＝**4200(cm³)**

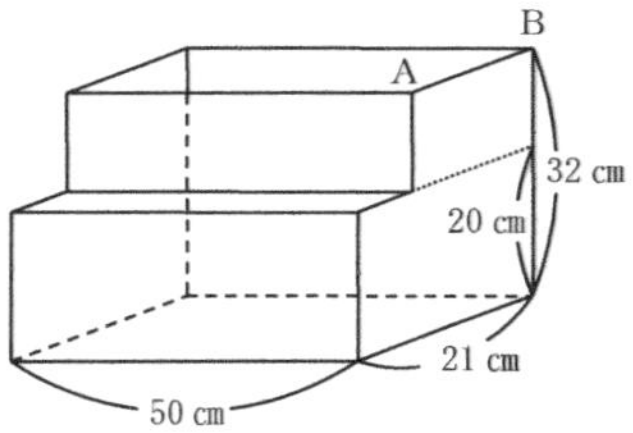

(2) **【解き方】高さ 20 cmから 32 cmまでの部分には，７－５＝２(分)で水が入る。**

水そうの高さ 20 cmから 32 cmまでの部分の容積は 4200×２(cm³)で，この部分は高さ 32－20＝12(cm)，横 50 cmの直方体の形をしているから，横の長さは$\frac{4200×2}{12×50}$＝14(cm)である。よって，ＡＢ＝**14 cm**

2022 解答例 令和４年度

成穎中学校

《国　語》

一　問一．㋐限　㋑かわら　問二．イ　問三．エ　問四．(1)他の植物の成長を抑制するために根からさまざまな化学物質を出す　(2)化学兵器を使った争い　問五．一時は駆逐されかけた日本の野草が勢いを盛り返している／セイタカアワダチソウが五〇センチ程度で花を咲かせている　問六．セイタカアワダチソウが出す毒性のある化学物質によって自らの成長を妨げてしまったこと。　問七．㋐一メートルにも満たない高さ　㋑攻防のバランス　㋒防御の仕組み　㋓巨大なモンスター　問八．イ

二　問一．㋐相談　㋑貸　㋒価値　㋓裁判　㋔権利　㋕心得　㋖資格　問二．ウ　問三．道具の手入れをすること。（下線部は竹刀でもよい）　問四．エ　問五．自分が支えてやるから、香織に再び剣道にきちんと向き合ってほしい　問六．ア　問七．ウ

三　問一．①すみ　②めがね　③しみず　④ね　⑤訪ねる　⑥批評　⑦展覧　⑧従う　⑨貯蔵　⑩検討　⑪貿易　⑫豊富　⑬支障　⑭奮　⑮民衆　問二．①お飲みになり　②いただき　③参り
問三．①きそうてんがい／奇／天　②ぜんだいみもん／未／聞　③いっちょういっせき／朝／夕
④たいきばんせい／器／晩　⑤かちょうふうげつ／鳥／月　問四．［主語／述語］　①［姉が／作った］
②［広場は／にぎわっている］　③［雨が／やむそうだ］　問五．①首　意味…オ　②雲　意味…イ
③舌　意味…ク　④鼻　意味…エ　⑤骨　意味…キ　⑥腹　意味…ア

四　（例文）

　私は、毎日のあいさつ運動を利用して、全校生徒に時間に余ゆうを持って登校しようということを呼びかけたいと思います。

　なぜなら、朝は特に歩行者も車の運転手もとても急いでいて、しっかりと周りを見ていないことが多いと思うからです。実際、私もねぼうしてち刻しそうだった時に、左右の確認をせずに飛び出して事故にあってしまいました。毎朝の呼びかけで意識する人が増えればと願います。

《算　数》

1　(1)202　(2)37974　(3)$2\frac{1}{8}$　(4)8.4

2　(1)4　(2)12.5　(3)95　(4)23　(5)6300

3　(1)①15　②144　③90　(2)①3　②14　(3)①1140　②1647　③192

4　(1)74　(2)72　(3)18.84　(4)528

5　(1)37　(2)150　(3)31　(4)2，28

1 (1)　与式$=7+195=202$

(3)　与式$=\frac{8}{3}+\frac{5}{8}-\frac{7}{6}=\frac{64}{24}+\frac{15}{24}-\frac{28}{24}=\frac{51}{24}=\frac{17}{8}=2\frac{1}{8}$

(4)　与式$=6\times0.42+11\times0.42+3\times0.42=(6+11+3)\times0.42=20\times0.42=8.4$

2 (1)　42の約数は１と42，２と21，３と14，６と７　　63の約数は１と63，３と21，７と９

よって，42と63の公約数は，１，３，７，21の４個ある。

(2)　時速45㎞＝秒速$\frac{45\times1000}{60\times60}$m＝秒速12.5m

(3)　**【解き方】(合計点)＝(平均点)×(教科数)で求められる。**

国語，算数，理科の合計点は，79×３＝237(点)

社会を加えた４教科の平均点は79＋４＝83(点)だから，合計点は，83×４＝332(点)

よって，社会の点数は，332－237＝95(点)

(4)　△は○より８小さい数で，□より４大きい数だから，△の３倍は，73－８＋４＝69

よって，△が表している数は，69÷３＝23

(5)　**【解き方】Aさんの所持金の$\frac{7}{8}$とBさんの所持金の$\frac{3}{4}$が同じなので，２人の所持金の比はこの逆比に等しく，$\frac{8}{7}:\frac{4}{3}=6:7$**

この比の差の７－６＝１が1200円にあたるから，Aさんの所持金は1200×６＝7200(円)で，ゲームソフトの値段は，$7200\times\frac{7}{8}=6300$(円)

3 (1)　**【解き方】１辺の長さが10㎝，20㎝，30㎝，…の正三角形をつくるときの図を，図１，図２，図３，…と表す。白いタイルの枚数は，図１が１枚，図２が１＋２＝３(枚)，図３が１＋２＋３＝６(枚)，…となる。黒いタイルの枚数は，その前の図の白いタイルの枚数に等しい。**

①　求める枚数は，１＋２＋３＋４＋５＝15(枚)

②　**【解き方１】１からnまでの連続する整数の和は，$\frac{(1+n)\times n}{2}$で求められることを利用する。**

図12と図11の白いタイルの枚数の和を考えればよいので，求める枚数は，

$(1+2+\cdots+12)+(1+2+\cdots+11)=\frac{(1+12)\times12}{2}+\frac{(1+11)\times11}{2}=78+66=144$(枚)

【解き方２】白いタイルと黒いタイルを合わせた枚数について，規則性はないかを探してみる。

白いタイルと黒いタイルを合わせた枚数は，図１が１枚，図２が３＋１＝４＝２×２(枚)，図３が６＋３＝９＝３×３(枚)，…のように，図nは(n×n)枚となる。図12は12×12＝144(枚)だから，求める枚数は144枚である。

③　**【解き方】明らかに白いタイルの方が多く使うので，白いタイルだけを考える。**

白いタイルの枚数は，図９が$1+2+\cdots+9=\frac{(1+9)\times9}{2}=45$(枚)，図10が45＋10＝55(枚)だから，求める長さは，90㎝である。

(2)①　「７＋５」「３×４」「６×２」の３通りある。

②　**【解き方】表にまとめて考える。**

Bで「＋」を取り出した場合は表ⅰ，「×」を取り出した場合は表ⅱのようにまとめられる。よって，答えは全部で，５，６，７，８，９，10，11，12，14，15，24，28，30，35の14種類ある。

表ⅰ		C		
		2	4	5
A	3	5	7	8
	6	8	10	11
	7	9	11	12

表ⅱ		C		
		2	4	5
A	3	6	12	15
	6	12	24	30
	7	14	28	35

(3)① 求める道のりは，(速さ)×(時間)＝190×６＝1140(m)

② **【解き方】太郎さんと次郎さんが出会うとき，２人は合わせてＡＢ間を往復した道のりを進んでいる。**

太郎さんと次郎さんは９分間で合わせて(190＋176)×９＝3294(m)進む。よって，ＡＢ間の往復の道のりが 3294m なので，求める道のりは，3294÷２＝1647(m)

③ 次郎さんは２分 30 秒＝2.5 分で，176×2.5＝440(m)進む。よって，三郎さんはＢ地点から次郎さんに追いつくまでの 2.5 分で 40＋440＝480(m)進むから，求める速さは，分速(480÷2.5)m＝分速 192m

4 (1) 右図のように記号をおく。三角形の内角の和は 180° なので，○＋●＝180°－137°＝43°

角㋐＝180°－40°－23°－43°＝74°

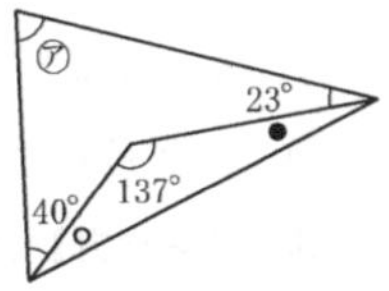

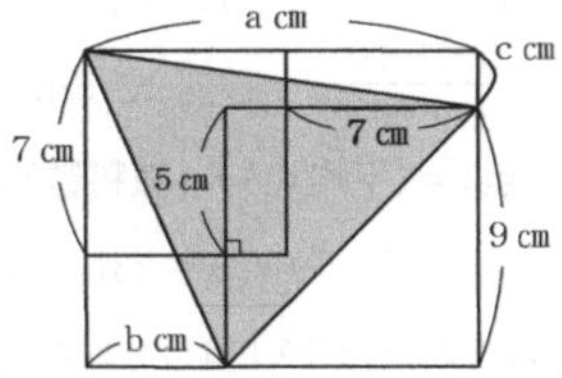

(2) **【解き方】右のように作図し，大きい長方形の面積から３つの三角形の面積の和を引いて求める。**

a＝７＋７＝14，b＝14－９＝５，c＝７－５＝２

求める面積は，(９＋２)×14－５×(９＋２)÷２－14×２÷２－９×９÷２＝154－27.5－14－40.5＝72(cm²)

(3) ＢＣ，ＣＤをそれぞれ直径とする２つの半円は，それぞれの曲線部分の真ん中の点で交わる。

よって，求める長さは，半径が６cmの円の$\frac{1}{4}$のおうぎ形の曲線部分の長さと，半径が６÷２＝３(cm)の円の$\frac{1}{4}$のおうぎ形の曲線部分の長さの２倍を足せばよいので，６×２×3.14×$\frac{1}{4}$＋３×２×3.14×$\frac{1}{4}$×２＝18.84(cm)

(4) **【解き方】正面の面を底面とすると，高さが 11 cmの柱体となる。**

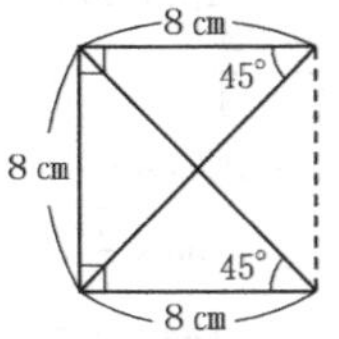

正面の面について，右のように作図する。１辺が８cmの正方形から分けられた４つの三角形は合同な直角二等辺三角形だから，底面積は，１辺が８cmの正方形の面積の$\frac{3}{4}$である。

よって，求める体積は，８×８×$\frac{3}{4}$×11＝528(cm³)

5 **【解き方】図３から，右図のことがわかる。**

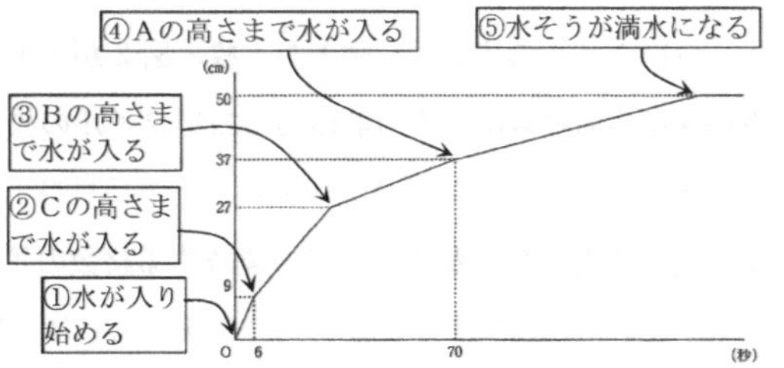

(1) ④より，おもりＡの高さは 37 cmである。

(2) **【解き方】①～②までの６秒間で水が何cm³入ったのかを考える。**

①～②までに水が入った部分の底面積は

(30－10)×(30－20)÷２＝100(cm²)だから，①～②までに水は 100×９＝900(cm³)入る。よって，水は１秒間に 900÷６＝150(cm³)入る。

(3) **【解き方】②～③，③～④までに水が入った部分の底面積に注目して考える。**

46 秒後は水が 150×46＝6900(cm³)入る。②～③までに水が入った部分の底面積は(30－10)×(30－20)＝200(cm²)だから，②～③までに水は 200×(27－９)＝3600(cm³)入る。ここまでで，46 秒後までに入る水の量は，あと 6900－900－3600＝2400(cm³)である。

③～④までに水が入った部分の底面積は，(30－10)×30＝600(cm²)だから，③～④までに水は 600×(37－27)＝6000(cm³)入る。46 秒後は，③からあと 2400 cm³の水が入るので，水面の高さは③からあと 2400÷600＝４(cm)上がる。よって，求める高さは，27＋４＝31(cm)

(4) ④～⑤までに水が入った部分の底面積は 30×30＝900(cm²)だから，④～⑤までに水は 900×(50－37)＝11700(cm³)入る。よって，④～⑤までは 11700÷150＝78(秒)かかるので，求める時間は，70＋78＝148(秒)，つまり，148÷60＝２余り 28 より，２分 28 秒後である。

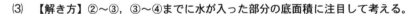

■ ご使用にあたってのお願い・ご注意

（1）問題文等の非掲載

著作権上の都合により，問題文や図表などの一部を掲載できない場合があります。

誠に申し訳ございませんが，ご了承くださいますようお願いいたします。

（2）過去問における時事性

過去問題集は，学習指導要領の改訂や社会状況の変化，新たな発見などにより，現在とは異なる表記や解説になっている場合があります。過去問の特性上，出題当時のままで出版していますので，あらかじめご了承ください。

（3）配点

学校等から配点が公表されている場合は，記載しています。公表されていない場合は，記載していません。

独自の予想配点は，出題者の意図と異なる場合があり，お客様が学習するうえで誤った判断をしてしまう恐れがあるため記載していません。

（4）無断複製等の禁止

購入された個人のお客様が，ご家庭でご自身またはご家族の学習のためにコピーをすることは可能ですが，それ以外の目的でコピー，スキャン，転載（ブログ，ＳＮＳなどでの公開を含みます）などをすることは法律により禁止されています。学校や学習塾などで，児童生徒のためにコピーをして使用することも法律により禁止されています。

ご不明な点や，違法な疑いのある行為を確認された場合は，弊社までご連絡ください。

（5）けがに注意

この問題集は針を外して使用します。針を外すときは，けがをしないように注意してください。また，表紙カバーや問題用紙の端で手指を傷つけないように十分注意してください。

（6）正誤

制作には万全を期しておりますが，万が一誤りなどがございましたら，弊社までご連絡ください。

なお，誤りが判明した場合は，弊社ウェブサイトの「ご購入者様のページ」に掲載しておりますので，そちらもご確認ください。

■ お問い合わせ

解答例，解説，印刷，製本など，問題集発行におけるすべての責任は弊社にあります。

ご不明な点がございましたら，弊社ウェブサイトの「お問い合わせ」フォームよりご連絡ください。迅速に対応いたしますが，営業日の都合で回答に数日を要する場合があります。

ご入力いただいたメールアドレス宛に自動返信メールをお送りしています。自動返信メールが届かない場合は，「よくある質問」の「メールの問い合わせに対し返信がありません。」の項目をご確認ください。

また弊社営業日（平日）は，午前９時から午後５時まで，電話でのお問い合わせも受け付けています。

2025 春

株式会社教英出版

〒422-8054　静岡県静岡市駿河区南安倍３丁目 12-28

TEL　054-288-2131　　FAX　054-288-2133

URL　https://kyoei-syuppan.net/

MAIL siteform@kyoei-syuppan.net

教英出版

教英出版 2025年春受験用 中学入試問題集

学校別問題集

✿はカラー問題対応

北海道

①[市立]札幌開成中等教育学校
②藤女子中学校
③北嶺中学校
④北星学園女子中学校
⑤札幌大谷中学校
⑥札幌光星中学校
⑦立命館慶祥中学校
⑧函館ラ・サール中学校

青森県

①[県立]三本木高等学校附属中学校

岩手県

①[県立]一関第一高等学校附属中学校

宮城県

①[県立]宮城県古川黎明中学校
②[県立]宮城県仙台二華中学校
③[市立]仙台青陵中等教育学校
④東北学院中学校
⑤仙台白百合学園中学校
⑥聖ウルスラ学院英智中学校
⑦宮城学院中学校
⑧秀光中学校
⑨古川学園中学校

秋田県

①[県立]
大館国際情報学院中学校
秋田南高等学校中等部
横手清陵学院中学校

山形県

①[県立]
東桜学館中学校
致道館中学校

福島県

①[県立]
会津学鳳中学校
ふたば未来学園中学校

茨城県

①[県立]
日立第一高等学校附属中学校
太田第一高等学校附属中学校
水戸第一高等学校附属中学校
鉾田第一高等学校附属中学校
鹿島高等学校附属中学校
土浦第一高等学校附属中学校
竜ヶ崎第一高等学校附属中学校
下館第一高等学校附属中学校
下妻第一高等学校附属中学校
水海道第一高等学校附属中学校
勝田中等教育学校
並木中等教育学校
古河中等教育学校

栃木県

①[県立]
宇都宮東高等学校附属中学校
佐野高等学校附属中学校
矢板東高等学校附属中学校

群馬県

①
[県立]中央中等教育学校
[市立]四ツ葉学園中等教育学校
[市立]太田中学校

埼玉県

①[県立]伊奈学園中学校
②[市立]浦和中学校
③[市立]大宮国際中等教育学校
④[市立]川口市立高等学校附属中学校

千葉県

①[県立]
千葉中学校
東葛飾中学校
②[市立]稲毛国際中等教育学校

東京都

①[国立]筑波大学附属駒場中学校
②[都立]白鷗高等学校附属中学校
③[都立]桜修館中等教育学校
④[都立]小石川中等教育学校
⑤[都立]両国高等学校附属中学校
⑥[都立]立川国際中等教育学校
⑦[都立]武蔵高等学校附属中学校
⑧[都立]大泉高等学校附属中学校
⑨[都立]富士高等学校附属中学校
⑩[都立]三鷹中等教育学校
⑪[都立]南多摩中等教育学校
⑫[区立]九段中等教育学校
⑬開成中学校
⑭麻布中学校
⑮桜蔭中学校
⑯女子学院中学校
✿⑰豊島岡女子学園中学校
⑱東京都市大学等々力中学校
⑲世田谷学園中学校
✿⑳広尾学園中学校(第2回)
✿㉑広尾学園中学校(医進・サイエンス回)
㉒渋谷教育学園渋谷中学校(第1回)
㉓渋谷教育学園渋谷中学校(第2回)
㉔東京農業大学第一高等学校中等部(2月1日 午後)
㉕東京農業大学第一高等学校中等部(2月2日 午後)

神奈川県

①[県立] 相模原中等教育学校
　　　　平塚中等教育学校
②[市立]南高等学校附属中学校
③[市立]横浜サイエンスフロンティア高等学校附属中学校
④[市立]川崎高等学校附属中学校
✿⑤聖光学院中学校
✿⑥浅野中学校
⑦洗足学園中学校
⑧法政大学第二中学校
⑨逗子開成中学校(1次)
⑩逗子開成中学校(2·3次)
⑪神奈川大学附属中学校(第1回)
⑫神奈川大学附属中学校(第2·3回)
⑬栄光学園中学校
⑭フェリス女学院中学校

新潟県

①[県立] 村上中等教育学校
　　　　柏崎翔洋中等教育学校
　　　　燕中等教育学校
　　　　津南中等教育学校
　　　　直江津中等教育学校
　　　　佐渡中等教育学校
②[市立]高志中等教育学校
③新潟第一中学校
④新潟明訓中学校

石川県

①[県立]金沢錦丘中学校
②星稜中学校

福井県

①[県立]高志中学校

山梨県

①山梨英和中学校
②山梨学院中学校
③駿台甲府中学校

長野県

①[県立] 屋代高等学校附属中学校
　　　　諏訪清陵高等学校附属中学校
②[市立]長野中学校

岐阜県

①岐阜東中学校
②鶯谷中学校
③岐阜聖徳学園大学附属中学校

静岡県

①[国立]静岡大学教育学部附属中学校
　　　　(静岡·島田·浜松)
② [県立]清水南高等学校中等部
　 [県立]浜松西高等学校中等部
　 [市立]沼津高等学校中等部
③不二聖心女子学院中学校
④日本大学三島中学校
⑤加藤学園暁秀中学校
⑥星陵中学校
⑦東海大学付属静岡翔洋高等学校中等部
⑧静岡サレジオ中学校
⑨静岡英和女学院中学校
⑩静岡雙葉中学校
⑪静岡聖光学院中学校
⑫静岡学園中学校
⑬静岡大成中学校
⑭城南静岡中学校
⑮静岡北中学校
⑯ 常葉大学附属常葉中学校
　 常葉大学附属橘中学校
　 常葉大学附属菊川中学校
⑰藤枝明誠中学校
⑱浜松開誠館中学校
⑲静岡県西遠女子学園中学校
⑳浜松日体中学校
㉑浜松学芸中学校

愛知県

①[国立]愛知教育大学附属名古屋中学校
②愛知淑徳中学校
③ 名古屋経済大学市邨中学校
　 名古屋経済大学高蔵中学校
④金城学院中学校
⑤椙山女学園中学校
⑥東海中学校
⑦南山中学校男子部
⑧南山中学校女子部
⑨聖霊中学校
⑩滝中学校
⑪名古屋中学校
⑫大成中学校
⑬愛知中学校
⑭星城中学校
⑮名古屋葵大学中学校
　(名古屋女子大学中学校)
⑯愛知工業大学名電中学校
⑰海陽中等教育学校(特別給費生)
⑱海陽中等教育学校(I·II)
⑲中部大学春日丘中学校
新刊⑳名古屋国際中学校

三重県

①[国立]三重大学教育学部附属中学校
②暁中学校
③海星中学校
④四日市メリノール学院中学校
⑤高田中学校
⑥セントヨゼフ女子学園中学校
⑦三重中学校
⑧皇學館中学校
⑨鈴鹿中等教育学校
⑩津田学園中学校

滋賀県

①[国立]滋賀大学教育学部附属中学校
②[県立] 河瀬中学校
　　　　守山中学校
　　　　水口東中学校

京都府

①[国立]京都教育大学附属桃山中学校
②[府立]洛北高等学校附属中学校
③[府立]園部高等学校附属中学校
④[府立]福知山高等学校附属中学校
⑤[府立]南陽高等学校附属中学校
⑥[市立]西京高等学校附属中学校
⑦同志社中学校
⑧洛星中学校
⑨洛南高等学校附属中学校
⑩立命館中学校
⑪同志社国際中学校
⑫同志社女子中学校(前期日程)
⑬同志社女子中学校(後期日程)

大阪府

①[国立]大阪教育大学附属天王寺中学校
②[国立]大阪教育大学附属平野中学校
③[国立]大阪教育大学附属池田中学校

④[府立]富田林中学校
⑤[府立]咲くやこの花中学校
⑥[府立]水都国際中学校
⑦清風中学校
⑧高槻中学校（A日程）
⑨高槻中学校（B日程）
⑩明星中学校
⑪大阪女学院中学校
⑫大谷中学校
⑬四天王寺中学校
⑭帝塚山学院中学校
⑮大阪国際中学校
⑯大阪桐蔭中学校
⑰開明中学校
⑱関西大学第一中学校
⑲近畿大学附属中学校
⑳金蘭千里中学校
㉑金光八尾中学校
㉒清風南海中学校
㉓帝塚山学院泉ヶ丘中学校
㉔同志社香里中学校
㉕初芝立命館中学校
㉖関西大学中等部
㉗大阪星光学院中学校

兵庫県

①[国立]神戸大学附属中等教育学校
②[県立]兵庫県立大学附属中学校
③雲雀丘学園中学校
④関西学院中学部
⑤神戸女学院中学部
⑥甲陽学院中学校
⑦甲南中学校
⑧甲南女子中学校
⑨灘中学校
⑩親和中学校
⑪神戸海星女子学院中学校
⑫滝川中学校
⑬啓明学院中学校
⑭三田学園中学校
⑮淳心学院中学校
⑯仁川学院中学校
⑰六甲学院中学校
⑱須磨学園中学校（第1回入試）
⑲須磨学園中学校（第2回入試）
⑳須磨学園中学校（第3回入試）
㉑白陵中学校
㉒夙川中学校

奈良県

①[国立]奈良女子大学附属中等教育学校
②[国立]奈良教育大学附属中学校
③[県立]
　国際中学校
　青翔中学校
④[市立]一条高等学校附属中学校
⑤帝塚山中学校
⑥東大寺学園中学校
⑦奈良学園中学校
⑧西大和学園中学校

和歌山県

①[県立]
　古佐田丘中学校
　向陽中学校
　桐蔭中学校
　日高高等学校附属中学校
　田辺中学校
②智辯学園和歌山中学校
③近畿大学附属和歌山中学校
④開智中学校

岡山県

①[県立]岡山操山中学校
②[県立]倉敷天城中学校
③[県立]岡山大安寺中等教育学校
④[県立]津山中学校
⑤岡山中学校
⑥清心中学校
⑦岡山白陵中学校
⑧金光学園中学校
⑨就実中学校
⑩岡山理科大学附属中学校
⑪山陽学園中学校

広島県

①[国立]広島大学附属中学校
②[国立]広島大学附属福山中学校
③[県立]広島中学校
④[県立]三次中学校
⑤[県立]広島叡智学園中学校
⑥[市立]広島中等教育学校
⑦[市立]福山中学校
⑧広島学院中学校
⑨広島女学院中学校
⑩修道中学校
⑪崇徳中学校
⑫比治山女子中学校
⑬福山暁の星女子中学校
⑭安田女子中学校
⑮広島なぎさ中学校
⑯広島城北中学校
⑰近畿大学附属広島中学校福山校
⑱盈進中学校
⑲如水館中学校
⑳ノートルダム清心中学校
㉑銀河学院中学校
㉒近畿大学附属広島中学校東広島校
㉓AICJ中学校
㉔広島国際学院中学校
㉕広島修道大学ひろしま協創中学校

山口県

①[県立]
　下関中等教育学校
　高森みどり中学校
②野田学園中学校

徳島県

①[県立]
　富岡東中学校
　川島中学校
　城ノ内中等教育学校
②徳島文理中学校

香川県

①大手前丸亀中学校
②香川誠陵中学校

愛媛県

①[県立]
　今治東中等教育学校
　松山西中等教育学校
②愛光中学校
③済美平成中等教育学校
④新田青雲中等教育学校

高知県

①[県立]
　安芸中学校
　高知国際中学校
　中村中学校

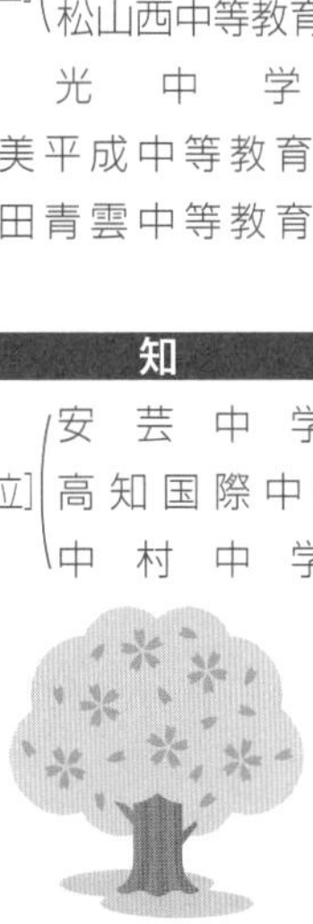

福岡県

①[国立] 福岡教育大学附属中学校（福岡·小倉·久留米）

②[県立]
- 育徳館中学校
- 門司学園中学校
- 宗像中学校
- 嘉穂高等学校附属中学校
- 輝翔館中等教育学校

③西南学院中学校
④上智福岡中学校
⑤福岡女学院中学校
⑥福岡雙葉中学校
⑦照曜館中学校
⑧筑紫女学園中学校
⑨敬愛中学校
⑩久留米大学附設中学校
⑪飯塚日新館中学校
⑫明治学園中学校
⑬小倉日新館中学校
⑭久留米信愛中学校
⑮中村学園女子中学校
⑯福岡大学附属大濠中学校
⑰筑陽学園中学校
⑱九州国際大学付属中学校
⑲博多女子中学校
⑳東福岡自彊館中学校
㉑八女学院中学校

佐賀県

①[県立]
- 香楠中学校
- 致遠館中学校
- 唐津東中学校
- 武雄青陵中学校

②弘学館中学校
③東明館中学校
④佐賀清和中学校
⑤成穎中学校
⑥早稲田佐賀中学校

長崎県

①[県立]
- 長崎東中学校
- 佐世保北中学校
- 諫早高等学校附属中学校

②青雲中学校
③長崎南山中学校
④長崎日本大学中学校
⑤海星中学校

熊本県

①[県立]
- 玉名高等学校附属中学校
- 宇土中学校
- 八代中学校

②真和中学校
③九州学院中学校
④ルーテル学院中学校
⑤熊本信愛女学院中学校
⑥熊本マリスト学園中学校
⑦熊本学園大学付属中学校

大分県

①[県立]大分豊府中学校
②岩田中学校

宮崎県

①[県立]五ヶ瀬中等教育学校

②[県立]
- 宮崎西高等学校附属中学校
- 都城泉ヶ丘高等学校附属中学校

③宮崎日本大学中学校
④日向学院中学校
⑤宮崎第一中学校

鹿児島県

①[県立]楠隼中学校
②[市立]鹿児島玉龍中学校
③鹿児島修学館中学校
④ラ・サール中学校
⑤志學館中等部

沖縄県

①[県立]
- 与勝緑が丘中学校
- 開邦中学校
- 球陽中学校
- 名護高等学校附属桜中学校

もっと過去問シリーズ

北海道

北嶺中学校
7年分(算数・理科・社会)

静岡県

静岡大学教育学部附属中学校
(静岡·島田·浜松)
10年分(算数)

愛知県

愛知淑徳中学校
7年分(算数・理科・社会)
東海中学校
7年分(算数・理科・社会)
南山中学校男子部
7年分(算数・理科・社会)
南山中学校女子部
7年分(算数・理科・社会)
滝中学校
7年分(算数・理科・社会)
名古屋中学校
7年分(算数・理科・社会)

岡山県

岡山白陵中学校
7年分(算数・理科)

広島県

広島大学附属中学校
7年分(算数・理科・社会)
広島大学附属福山中学校
7年分(算数・理科・社会)
広島学院中学校
7年分(算数・理科・社会)
広島女学院中学校
7年分(算数・理科・社会)
修道中学校
7年分(算数・理科・社会)
ノートルダム清心中学校
7年分(算数・理科・社会)

愛媛県

愛光中学校
7年分(算数・理科・社会)

福岡県

福岡教育大学附属中学校
(福岡·小倉·久留米)
7年分(算数・理科・社会)
西南学院中学校
7年分(算数・理科・社会)
久留米大学附設中学校
7年分(算数・理科・社会)
福岡大学附属大濠中学校
7年分(算数・理科・社会)

佐賀県

早稲田佐賀中学校
7年分(算数・理科・社会)

長崎県

青雲中学校
7年分(算数・理科・社会)

鹿児島県

ラ·サール中学校
7年分(算数・理科・社会)

※もっと過去問シリーズは
国語の収録はありません。

教英出版
〒422-8054
静岡県静岡市駿河区南安倍3丁目12−28
TEL 054-288-2131
FAX 054-288-2133
詳しくは教英出版で検索
教英出版 検索
URL https://kyoei-syuppan.net/

令和六年度前期

中学校
試験問題

国語

（50分）

成穎中学校

注意事項

1、問題用紙や解答用紙が配られても、「はじめ」という指示があるまでは、問題用紙を開いたり、答えを記入したりしてはいけません。

2、「はじめ」という指示で、まず解答用紙に自分の**受験番号と氏名**を記入し、問題をときはじめなさい。

3、**答えはすべて、解答用紙に記入しなさい。**なお、※印らんには何も記入してはいけません。

4、質問があるときや、気分が悪くなったときは、だまって手をあげなさい。

5、答えの記入が終わっても、「やめ」という指示があるまでは自分の席で静かに待っていなさい。

6、試験終了《しゅうりょう》後、監督者《かんとくしゃ》の指示にしたがって、**解答用紙**を提出しなさい。なお、**問題用紙**は持ち帰りなさい。

一　次の文章を読んで下の問いに答えなさい。

私たちは、よく「これは経験した者でないとわからない」とか「あなたには私の気持ちはわからない」と言われたり、あるいは「私がこの目で見たことを信用しないの？」と詰《つ》め寄られたりしたことはありませんか？　このように言われると、もはや議論したり、それ以上問いかけたりすることができなくなり、互《たが》いにもはや理解できないという気持ちにさせられますね。

このように言う人は自分の経験を絶対視※しており、それはどう批判《ひはん》されようと絶対に正しく誰《だれ》も否定できないと思い込《こ》んでいるのです。確かに自分が経験し、実際に自分の目で見たのだから、他人には否定しようがないとの自信もあるのでしょう。そのため、①それを疑う言葉を一切受け付けなくなります。人から少しでも批判されると、自分の経験を絶対正しいとして人の言い分を何ら聞き入れず、自分の言っていることを立ち止まって考え直したり、違《ちが》った目で見直したりすることがなくなってしまうのです。

それどころか、最初は自分の経験に曖昧《あいまい》な部分があったのですが、［A］のうちにそれを㋐補うように想像して付け足してストーリーを完全にし、いっそう自信を持って主張するようになることが多くあります。そうなると、実は本人もどこまでが実際に経験したことなのか、どこからが想像の産物であるのかがわからなくなるのですが、その㋑マヨイを振り切って自分が作り上げたストーリーにいっそう※固執《こしつ》するようになるというわけです。

［B］、犯罪を偶然目撃《ぐうぜんもくげき》した人の証言は信用できないことが多いと、よく言われますね。何回か証言しているうちに、目撃していないはずなのに、そのように話すとよけい信用してくれるだろうと期待する気持ちから、※辻褄《つじつま》が合うように［A］のうちに話を作り出していくからです。そして、話の※矛盾《むじゅん》が少しでも指《し》

問一　二重線㋐～㋔のカタカナは漢字に直し、必要ならば送り仮名も書きなさい。漢字には読みを平仮名で書きなさい。

問二　［A］に共通してあてはまる言葉として最も適切なものを次から一つ選び、記号で答えなさい。

ア　泣く泣く
イ　返す返す
ウ　知らず知らず
エ　代わる代わる

問三　［B］にあてはまる言葉として最も適切なものを次から一つ選び、記号で答えなさい。

ア　しかし　　**イ**　たとえば
ウ　なぜなら　**エ**　つまり

摘《てき》されると、「私がこの目で確かに見たことを信用しないの?」と※居直るのです。こうなると、最初の目撃証言に含《ふく》まれていた真実の部分すら疑わしくなってしまい、せっかく目撃した事実そのものも信用されなくなります。犯人探しというような「科学的」になされるべき作業には、個人の経験の絶対視は危険であることがわかると思います。客観性が失われ、修正することができなくなるからです。

　個人の経験を「科学的」な事実として活《い》かすためには、あたかも外から見ているかのように客観的な視点で、曖昧な部分、途《と》切れている部分を正直に認めて、どのような経験をしたかを他人と共有する態度が不可欠なのです。②自分の経験が絶対に正しいと信じ込み、疑問を抱《いだ》かれるのを拒否《きょひ》する人の言うことは、かえって信用してはいけないということです。

　自分はUFOを見たと信じ込んだ人に、「どんな乗り物であったの?」と聞くと、みんな申し合わせたかのように円盤状《えんばんじょう》で㋒マドがあり、そこに宇宙人の顔がちらっと見える図を描《えが》くことがよく知られています。それは、現実に見たわけでもないのに見たと思い込んで、以前に雑誌かテレビ番組で見た場面を思い出して描いているからです。③それを指摘すると、「自分はしっかり見た」と強調し、「見たことがないあなたにはわからない」と決めつけるでしょう。それでは、とてもUFOの正体を「科学的」に明らかにすることはできませんね。

　そもそもUFOは「未確認飛行物体」のこと、何かが飛んでいるように見えるけれど、はっきりそれが何であるかが確かめられていない物体のことです。だから、実際に見た姿を「科学的」に判断して、それが鳥なのか、雲なのか、木の枝なのか、偶然のハレーション(カメラ内の光の屈折《くっせつ》)なのか、何かの飛行物体なのか、を詳細《しょうさい》に㋓ケントウすることがまず大事なのです。それを㋔直ちに宇宙人の来訪に結びつけるのは無理があるのですが、何かわからない物が写っていると、それは「UFO」で「宇宙人がいる」と※短絡《たんらく》して主張する人が多くいます。それ

問四　――線部①「それ」が指している部分を本文中から五字で書きぬきなさい。

問五　――線部②「自分の経験が～信用してはいけない」とありますが、なぜ信用してはいけないのですか。「絶対視」「客観性」「科学的な事実」の三つの言葉を使い、四十五字以内で書きなさい。

問六　――線部③「それ」が指している内容として適切なものを次から一つ選び、記号で答えなさい。

ア　UFOの図がみんな申し合わせたかのように同じであること。

イ　本当はUFOを見ていないのに見たと強がっていること。

ウ　UFOは、正体が確かめられていない物体であること。

エ　雑誌やテレビ番組で見たUFOを思い出して描いていること。

を疑ってクレームをつけようとすると、「私を信用しないのか」と言われて、それ以上議論ができなくなってしまうのです。

自分の主張や経験を絶対視して、他からの意見を受け入れなくなると、④「科学的」な態度とは縁遠くなることを忘れてはなりません。

（池内了『なぜ科学を学ぶのか』ちくまプリマー新書）

※絶対視…絶対的なものと考えること。

※固執…自分の意見を主張してゆずらないこと。

※辻褄…合うべきところがきちんと合う物事の道理。

※矛盾…二つの物事が食い違っていること。

※居直る…急に態度を変えること。

※短絡…事がらの本質を考えず、またとるべき手順をふまえずに、原因と結果、問いと答えなどを急に結びつけてしまうこと。

問七　――線部④「『科学的』な態度」とありますが、筆者の考える「科学的」な態度の具体例として最も適切なものを次から一つ選び、記号で答えなさい。

ア　友人に計算間違いを指摘《してき》されたが、自分は算数が得意なので、「間違っていないはずだよ」と伝えた。

イ　庭でとらえた初めて見る虫を図鑑《かん》で調べたが、載《の》っていなかったので理科の先生に質問した。

ウ　自分のチームは現在負けているが、いつも後半に強いので最後までチームを信じて戦いぬいた。

エ　「白いカラスはいるか」と聞かれたが、一度も見たことがないので「白いカラスはいない」と答えた。

二　次の文章を読んで下の問いに答えなさい。

【活け《い》花教室に通っている高校生の私（津川紗英《つがわさえ》）は、とても美しく花を活ける朝倉《あさくら》くんのことが気になっている。】

活け花教室で次に朝倉くんと会ったときに私は訊《き》いた。

「まだまだ、って、どうしてわかるの」

え、と朝倉くんが顔を上げる。

「こないだ、まだまだだっていったよね。どうしてそう思うの。どうしてわかるの。どうしたらまだまだじゃなくなるの」

まだまだ㋐届かない、思うようには活けられない。朝倉くんは自分の花をそう評《ひょう》した。

「ちょっと、紗英」

千尋《ちひろ》が私の左肘《ひじ》をつついて止めようとしている。千尋は親切だから私が突《つ》っ走り気味になると上手に制御《せいぎょ》してくれる。この活け花教室を紹介《しょうかい》してくれたのも千尋だった。

「わかるときはわかるんじゃないかな」

㋑真面目な声で朝倉くんはいった。それからちょっと笑った。

「①謙遜《けんそん》だとは考えなかったんだね」

「え、謙遜だったの?」

私が驚くと、冗談《じょうだん》だよ、という。

「花を活けてると気持ちがいいだろ。思った通りに活けられると、気持ちのよさが持続する。そのやり方をここに習いに来てるんだ。みんなもそうなんじゃないの」

「なるほど」

私は感心して何度もうなずいた。

問一　二重線㋐～㋒のカタカナは漢字に直し、必要ならば送り仮名も書きなさい。漢字には読みを平仮名で書きなさい。

問二　——線部①「謙遜」の意味として最も適切なものを次から一つ選び、記号で答えなさい。

ア　ひかえめな態度をとること。
イ　うそをついてごまかすこと。
ウ　相手をばかにしていること。
エ　あまり大事に考えないこと。

「気持ちのよさが持続する。なるほどね」
朝倉くんは、やめて、恥《は》ずかしいから、といった。
「なるほど。気持ちのよさを持続するために」
うなずきながらもう一度私がいうと、朝倉くんはしっしっと追い払《はら》う真似《まね》をした。
思った通りに活ける、と朝倉くんはいったけれど、私の「思った通り」じゃだめなんだと思う。私なんかの思ったところを超《こ》えてあるのが花だ。そう朝倉くんの花が教えてくれている。
じゃあ、②なるべくなんにも考えないようにして活けてみよう。
その考えは、しかし間違いだったらしい。
「津川さん、真面目におやりなさい」
先生は巡回《じゅんかい》してきて私の花を見るなりそういった。
「しょうがないわねえ」
いつもなら、注意されることはあっても先生の目はあたたかい。しょうがないわねえ、と笑っている。でも、今日は違った。基本形を※逸脱《いつだつ》しためちゃくちゃな花がよほど腹に据《す》えかねたらしく、※剣山《けんざん》から私の花をぐさぐさ抜《ぬ》いた。
「③どういうつもりなの」
声は怒《いか》りを抑《おさ》えている。周囲の目がこちらに集まっている。
「いつもの津川さんじゃないわね。遊び半分で活けるのは、花を裏切ったことになるの」
すみません、と私は㋒アヤマッタ。遊び半分なんかじゃなく、真剣に考えたらこうなったんだけど、普段は穏《おだ》やかな先生の※剣幕を見たらやっぱりそれはいえなかった。先生は花を全部抜くと大きくため息をついて、ふいと立ち去ってしまった。
千尋と目が合う。④どんまい、と目だけで笑ってくれる。もう一度水切りをしなおして、少し茎《くき》の短くなってしまった花を見る。またいつもみたいに、習った

問三　――線部②「なるべくなんにも考えないようにして活けてみよう」とありますが、その理由を「花は」に続けて本文中の言葉を使い、二十五字以内で書きなさい。

問四　――線部③「どういうつもりなの」とあるが、先生はなぜ怒っているのですか。その理由を説明したものとして最も適切なものを次から一つ選び、記号で答えなさい。
ア　私が友だちの考えにしたがって基本形を逸脱した花を活けたと思ったから。
イ　私が先生の気を引こうとして基本形を逸脱した花を活けたと思ったから。
ウ　私が花を大切にせず、ふざけて基本形を逸脱した花を活けたと思ったから。
エ　私が朝倉くんを超えようとして基本形を逸脱した花を活けたと思ったから。

問五　――線部④「どんまい、と目だけで笑ってくれる」とあるが、この時の千尋の気持ちとして最も適切なものを次から一つ選び、記号で答えなさい。
ア　周囲の注目を集めようと悪ふざけをする紗英をおかしく思う気持ち。
イ　朝倉くんのことが気になって集中できない紗英を心配する気持ち。
ウ　真剣に活け花に向き合う紗英をうらやましく思う気持ち。
エ　活け花の先生に叱《しか》られてしまった紗英をはげます気持ち。

型の通り順番に差していくんだろうか。型通りなら誰が活けても同じじゃないか。私はこっそり辺りを見回す、みんな、おとなしく従っているのはなぜなんだろう。――そんなふうに思うなんて※不遜《ふそん》だし※傲慢《ごうまん》だ。だけど急に、⑤目の前の花が色褪《あ》せて見える。もしかしたら活け花はどうしても私がやらなきゃならないことじゃないのかもしれない。

（宮下奈都「まだまだ、」『つぼみ』所収　光文社）

※逸脱…決められた枠から外れること。
※剣山…活け花で、花や枝の根元を固定する道具。
※剣幕…怒っている様子。
※不遜…思いあがっていること。
※傲慢…おごりたかぶって人を見下すこと。

問六　――線部⑤「目の前の花が色褪せて見える」とあるが、その理由を説明した次の文の（㋐）、（㋑）に当てはまる言葉を、（㋐）は本文中から十三字で書きぬき、（㋑）は「自分」という言葉を使って二十五字以内で書きなさい。

先生に怒られたが（㋐）ではないかという疑問が生じ、（㋑）から。

問七　私（津川紗英）の人物像をまとめたものとして最も適切なものを次の中から一つ選び、記号で答えなさい。

ア　人の間違いをはっきりと指摘《してき》することのできる爽《さわ》やかな人物。
イ　人の意見を聞きながらも自分の考えにそって行動する素直《すなお》な人物。
ウ　人の考えを聞いてからでないと行動できない臆病《おくびょう》な人物。
エ　人から何か言われても気にせずに突《つ》き進む情熱的な人物。

三

次の各問いに答えなさい。

問一　次の――線部のカタカナは漢字に直し、必要ならば送り仮名も書きなさい。漢字には読みを平仮名で書きなさい。

① イサマシイ行進曲を流す。
② 祖国をボウエイする。
③ すばらしい行動にサンジをおくる。
④ コキョウに帰る。
⑤ 学問によって真理をキワメル。
⑥ ヤサシイ問題を解く。
⑦ ハタをかかげる。
⑧ 光をアビル。
⑨ ヒンプの差が激しい。
⑩ ハクシキな人にあこがれる。
⑪ メンミツな計画を立てる。
⑫ 判断を誤る。
⑬ 養蚕専門の村がある。
⑭ 刻印された文字。
⑮ 心が奮う。

問二　次の文の――線部を正しい敬語に直しなさい。

① 大臣が視察に来る。
② 先生にお礼の品をやる。
③ 校長先生が私の絵を見る。

問三　次の各文の主語と述語にあたる言葉をそれぞれ答えなさい。

① 今日の夜から雨が激しく降る。
② 母はあと五分ほどで家に着く。
③ 青空を鳥が気持ちよさそうに飛ぶ。

問四　次の①～③の文の（　　）に入る言葉として適切なものを、後の**ア**～**ク**からそれぞれ一つずつ選び、記号で答えなさい。

①　今年こそ（　　）学年一位を取りたい。
②　彼が（　　）来たら教えてほしい。
③　この湖は（　　）海のようだ。

ア　ろくに　**イ**　まるで　**ウ**　あまり　**エ**　けっして
オ　じっと　**カ**　ぜひ　**キ**　少しも　**ク**　もし

問五　次の文の――線部のことわざ、慣用句の意味を、後の**ア**～**キ**からそれぞれ一つずつ選び、記号で答えなさい。

①　歯に衣着せぬ言い方だ。
②　彼の発言が火に油をそそいだ。
③　あのチームは目の上のこぶだ。
④　そのような対応では焼け石に水だ。
⑤　私と彼とではまるで月とすっぽんだ。
⑥　次期生徒会長として、彼に白羽の矢が立った。

ア　大きな差がある。
イ　ほとんど効果がない。
ウ　自分にとって邪魔《じゃま》なもの。
エ　多くの中から選びだされる。
オ　見た目以上に価値のあるもの。
カ　思っていることを包《つつ》みかくさない。
キ　勢いが盛《さか》んなものに、さらに勢いを加える。

四

よりよい人間関係を築くために大切なことについて、あなたの体験を例にあげながら、次の【条件】に従って書きなさい。

【条件】

① 原稿用紙の使い方に従って書くこと。

② 一段落目には、あなたの考えるよりよい人間関係を築くために大切なことを書くこと。

③ 二段落目には、その理由をあなたの体験を例にあげながら書くこと。

④ 百六十一字から二百字で書くこと。

令和6年度前期　中学校試験問題　算数

(50分)

注意事項

1．問題用紙や解答用紙が配られても、「はじめ」という指示があるまでは、問題用紙を開いたり、答えを記入したりしてはいけません。

2．「はじめ」という指示で、まず解答用紙に自分の**受験番号と氏名**を記入し、問題をときはじめなさい。

3．**答えはすべて、解答用紙に記入しなさい。**なお、※印らんには何も記入してはいけません。

4．質問があるときや、気分が悪くなったときは、だまって手をあげなさい。

5．答えの記入が終わっても、「やめ」という指示があるまでは自分の席で静かに待っていなさい。

6．試験終了《しゅうりょう》後、監督者《かんとくしゃ》の指示にしたがって、**解答用紙**を提出しなさい。なお、**問題用紙**は持ち帰りなさい。

解答上の注意事項

○　答えが分数になるときは、約分をしてもっともかんたんな形で表すこと。
○　円周率は3.14として計算すること。

1　次の計算をしなさい。

(1)　$36-24+48\div6\times2$

(2)　$\frac{1}{10}+\frac{2}{15}-\frac{3}{20}$

(3)　$1-0.7\times0.8+4.9$

(4)　$(1.5\div\frac{5}{4}-0.55\div2\frac{3}{4})\times100$

2 次の□にあてはまる数を答えなさい。

(1) $\frac{39}{8}$時間は、4時間□分30秒です。

(2) 8以上48以下の整数の中に、□の倍数は6個あります。

(3) 3枚のコインA、B、Cがあり、Aの表には4、裏には8、Bの表には5、裏には7、Cの表には6、裏には9と書かれています。3枚のコインを同時に投げるとき、出た3つの数字の和が20未満となるのは□通りです。

(4) アイ×ウ＝ア×イウ＝130であるとき、ア×イ×ウ＝□です。ただし、同じ記号には1けたの同じ数字が入ります。

(5) はじめに□人の子どもたちを、A、Bの2つのグループにわけたところ、A、Bの人数の比は、26：37でした。次にAからBに15人移動すると、Aの人数はBの人数のちょうど半分になりました。

(6) かみ合っている2つの歯車AとBがあります。Aの歯の数は90で、Bの歯の数は□です。Bの歯の数を9つ増やすと、Bの回転数は20％減ります。

3 次の(1)〜(3)の各問いに答えなさい。

(1) ある小学校の5年生120人と6年生140人に1番好きな教科についてアンケートを取りました。下のグラフはその結果を、5年生は帯グラフ、6年生は円グラフで表したものです。次の①〜④の各問いに答えなさい。

【5年生】

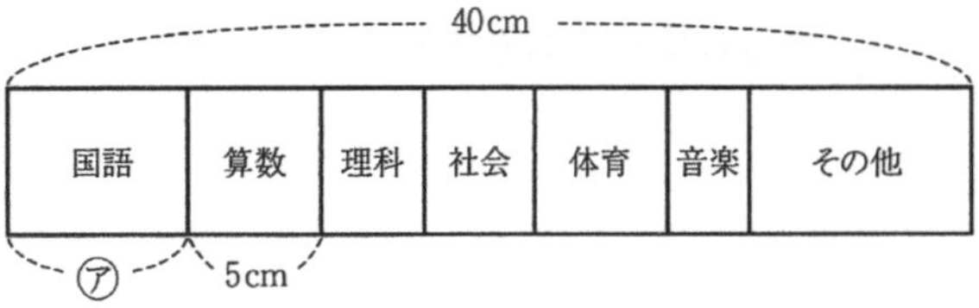

【6年生】

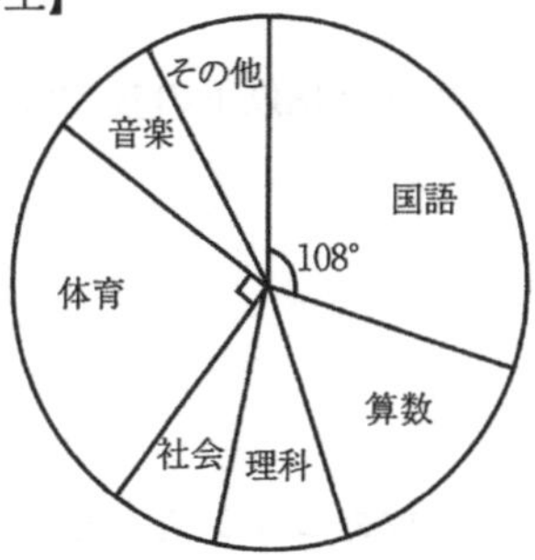

① 5年生で、算数が1番好きな人の人数は何人ですか。

② 6年生で、国語が1番好きな人の人数は何人ですか。

③ 6年生で算数が1番好きな人の人数と体育が1番好きな人の人数の合計は、6年生全体の4割です。また、6年生で算数が1番好きな人の人数と5年生で国語を1番好きな人の人数は同じです。帯グラフの国語の長さ㋐は何cmですか。

④ 6年生の円グラフを5年生と同じように40 cmの帯グラフにしたとき、6年生の算数の長さは何cmですか。

令和六年度前期　中学校
国語　解答用紙

※合計

受験番号	
氏名	

※100点満点

一

※

問一
- ㋐ 補（う）
- ㋑ マヨイ
- ㋒ マド
- ㋓ ケントウ
- ㋔ 直（ち）

問二

問三

問四

問五（45）

問六

問七

問一．１点×５
問二．３点
問三．３点
問四．３点
問五．４点
問六．３点
問七．３点

二

※

問一
- ㋐ 届（かない）
- ㋑ 真面目
- ㋒ アヤマッタ

問二

問三　花は（25）

問四

問五

問六
- ㋐（13）
- ㋑（25）

問一．１点×３
問二．３点
問三．３点
問四．３点
問五．３点
問六．㋐３点
　　　㋑４点
問七．３点

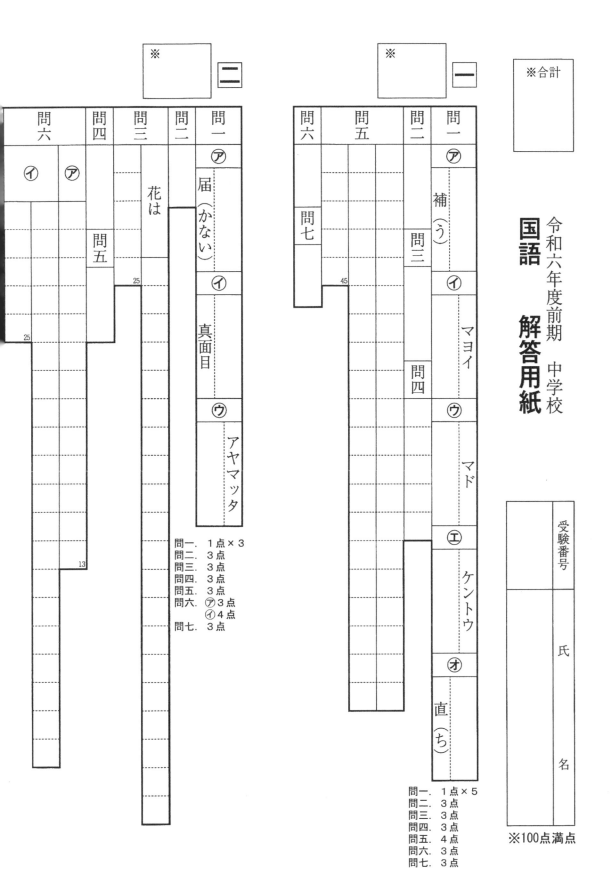

国語　解答用紙

一

問一			
問二			
問四			
問六		問七	

二

問一	㋐	㋑	㋒
問二			
問三			
問四		問五	
問六	㋐		
	㋑		

人	人	cm	cm
(2)		(3)	
①	②	①	②
人	枚	時速　km	km

4点×8

4

(1)	(2)	(3)
本	個	倍

※

4点×3

5

(1)		(2)	(3)
①	②		
度	cm^2	cm^2	cm^3

※

4点×4

園中学校 入学試験

用 紙

3

(1)	①	
	②	
(2)		
(3)		
(4)	①	
	②	

点

6

(1)		
(2)		
(3)		
(4)	ア	倍
	イ	倍
	ウ	

点

7

(1)		
(2)		g
(3)	①	g
	②	g
	③	g

点

受験番号	得　点
	※75点満点 (配点非公表)

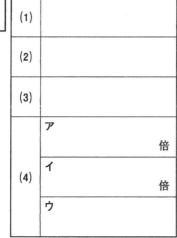

令和６年度前期　中学校

算数　　解答用紙

受験番号	氏　　　　名

※合計

※100点満点

1

(1)	(2)	(3)	(4)

※

4点×4

2

(1)	(2)	(3)	(4)
分	の倍数	通り	

(5)	(6)
人	

※

4点×6

【解答

3

(1)

※

三

※

問一		
① イサマシイ	⑥ ヤサシイ	⑪ メンミツ
② ボウエイ	⑦ ハタ	⑫ 誤る
③ サンジ	⑧ アビル	⑬ 養蚕
④ コキョウ	⑨ ヒンプ	⑭ 刻印
⑤ キワメル	⑩ ハクシキ	⑮ 奮う

問二
①
②
③

問三		
①	主語	述語
②	主語	述語
③	主語	述語

問四
①
②
③

問五
①
②
③
④
⑤
⑥

問一．１点×15
問二．２点×３
問三．完答２点×３
問四．２点×３
問五．１点×６

四

※

160

200

12点

(2)　紙飛行機大会に参加する高校生、中学生、小学生に折り紙を配りました。参加者全員に9枚ずつ配ると7枚不足するので、高校生は1人に12枚ずつ、中学生は1人に9枚ずつ、小学生は1人に7枚ずつ配ったら5枚余りました。高校生の参加者は18人、中学生の参加者は22人です。次の①、②の各問いに答えなさい。

①　小学生の参加者は全部で何人ですか。

②　折り紙の枚数は全部で何枚ですか。

(3)　Aさんは午前10時に家を出発して3 kmはなれた図書館へ自転車で行きました。図書館には10時20分に着き、そこで友人と会いました。図書館で15分間過ごしたあと、自転車を押しながら友人といっしょに歩いて公園へ行きました。公園で30分間遊んだあと友人と別れて自転車で帰り、午前11時29分に家に着きました。Aさんの自転車の速さと歩く速さは常に一定で、自転車の速さは歩く速さの3倍です。下のグラフはその様子を表したものです。次の①、②の各問いに答えなさい。

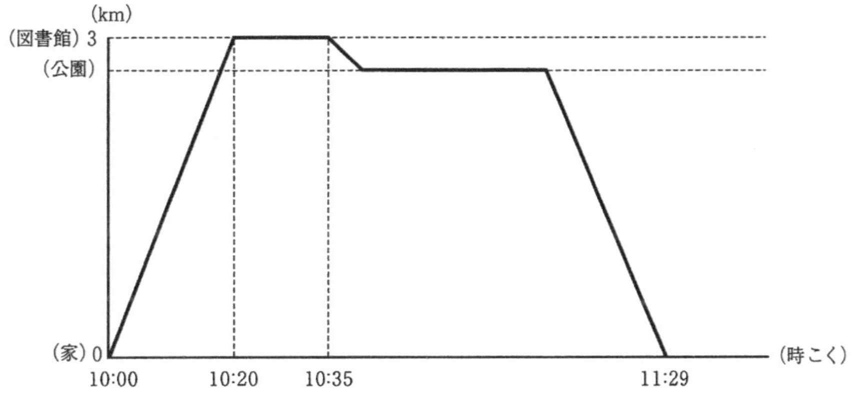

①　Aさんの歩く速さは時速何kmですか。

②　公園と家の間の道のりは何kmですか。

4　下の図のように、１本６cmの棒を一定の規則にしたがって並べていきます。次の(1)～(3)の各問いに答えなさい。

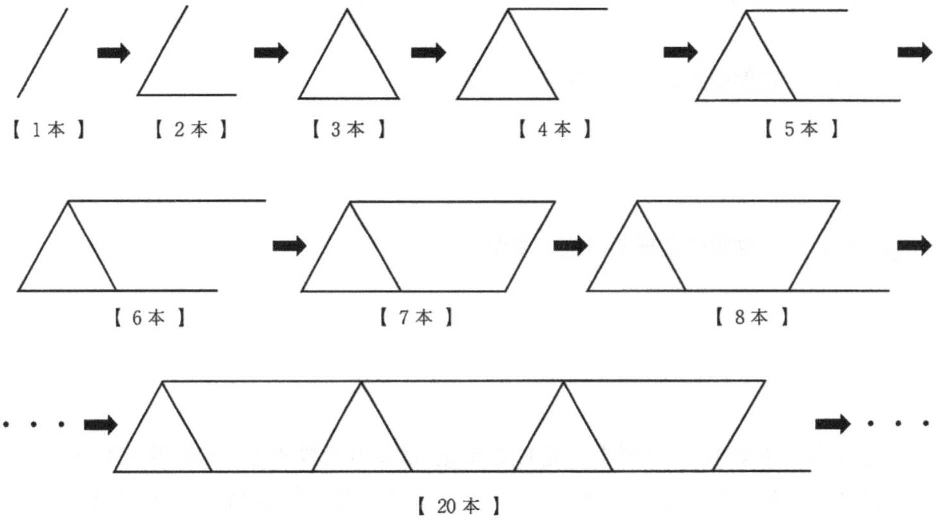

(1)　正三角形を５個つくるために必要な棒の本数のうち、もっとも少ない本数は何本ですか。

(2)　できた図形のまわりの長さが２m 28 cmのとき、正三角形の数は全部で何個ですか。

(3)　棒を７本並べてできる図形の面積は、棒を３本並べてできる正三角形１個の面積の４倍です。このとき、棒を171本並べてできる図形の面積は、棒を３本並べてできる正三角形１個の面積の何倍ですか。

5 次の(1)～(3)の各問いに答えなさい。

(1) 右の図は、正六角形と二等辺三角形を重ね合わせたものです。次の①、②の各問いに答えなさい。

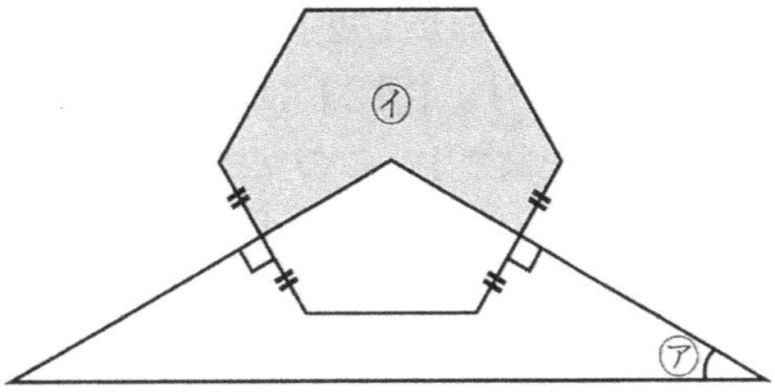

① ㋐の角度は何度ですか。

② 正六角形の面積が 870 cm²のとき、色のついた部分㋑の面積は何cm²ですか。

(2) 右の図は、1 辺の長さ 20 cmの正方形ABCDで、曲線は円の一部です。太線で囲まれた㋐の面積と㋑の面積の差は何cm²ですか。

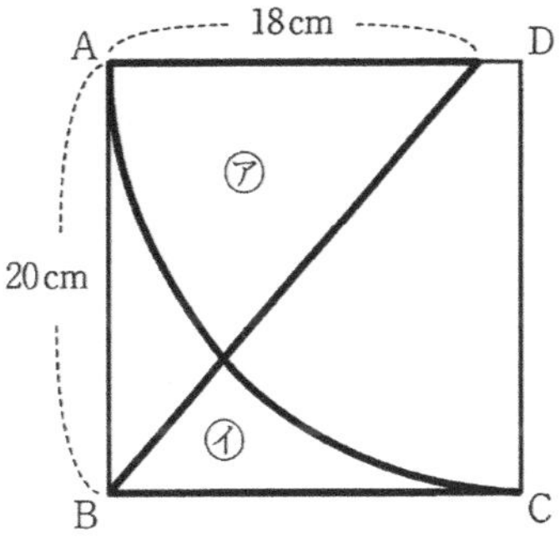

(3) 右の【図１】は、高さが 30 cmの円柱から、この円柱にちょうどぴったり入る大きさの直方体をくりぬいた立体です。くりぬいた直方体は、底面が１辺 10 cmの正方形で高さが 30 cmです。【図２】は、この立体を真上から見た図です。この立体の体積は何㎤ですか。

【図１】

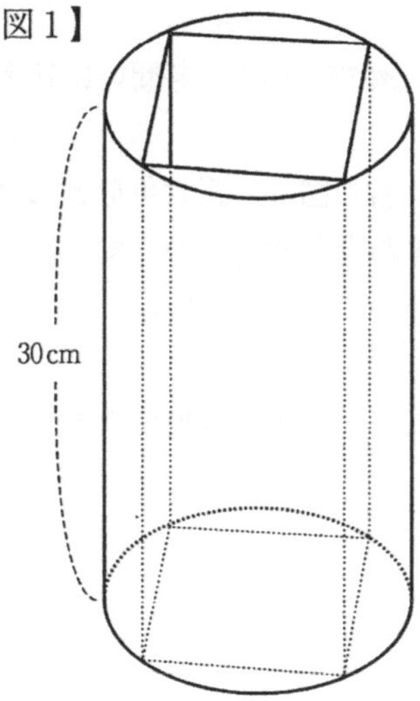

【図２】

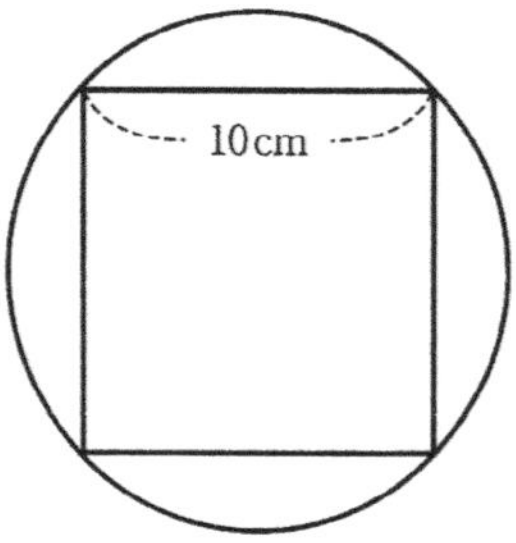

令和五年度前期
中学校試験問題
国語

（50分）

成穎中学校

注意事項

1、問題用紙や解答用紙が配られても、「はじめ」という指示があるまでは、問題用紙を開いたり、解答を記入したりしてはいけません。

2、「はじめ」という指示で、まず解答用紙に自分の**受験番号と氏名**を記入し、問題をときはじめなさい。

3、**答えはすべて、解答用紙に記入しなさい。**なお、※印らんには何も記入してはいけません。

4、質問があるときや、気分が悪くなったときは、だまって手をあげなさい。

5、解答の記入が終わっても、「やめ」という指示があるまでは自分の席で静かに待っていなさい。

6、試験終了《しゅうりょう》後、監督者《かんとくしゃ》の指示にしたがって、**解答用紙**を提出しなさい。なお、**問題用紙**は持ち帰りなさい。

一　次の文章を読んで下の問いに答えなさい。

2013年に、和食がユネスコの無形文化遺産に登録された。登録にいたったのは、自然を尊重する日本人の基本㋐セイシンにのっとり、地域の自然特性に見合った食の慣習や行事を通じて家族や地域コミュニティーの結びつきを強める重要な文化だからというのが主な理由だ。大変いいことだと思う。①これを機に、和食と日本人の暮らしについて過去の歴史をふり返り、食の文化を㋑育んできた日本列島の自然と人間との関わりについて多くの人々が思いを[A]ようになってほしい。

私の専門分野である霊長類学は、人間に近い動物の生き方から人間の進化や文化を考える学問である。人間以外のサルや類人猿（ゴリラやチンパンジー）を野生の生息地で追っていると、「生きることは食べることだ」と思い知らされる。彼らの主な食べ物は自然のあちこちに散らばり、季節によってその姿を変える植物だ。いつ、どこで、何を、どのように食べるかが、一日の大きな関心事である。群れをつくって暮らすサルたちにとっては、②それに加えて「だれと食べるか」が重要となる。いっしょに食べる相手によって、自分がどのように、どのくらい食物に手を出せるかが変わるし、相手を選ばないと、食べたいものも食べられなくなってしまうからだ。

日本列島には43万～63万年前からニホンザルがすみついてきた。人間が大陸から渡ってきたのはたかだか2万数千年前だから、彼らのほうがずっと先輩である。日本の山へ出かけてサルを観察すると、彼らがいかにうまく四季の食材を食べ分けているかがわかる。新緑の春には若葉、灼熱《しゃくねつ》の夏は果実と昆虫、実りの秋には熟した色とりどりの果実、そして冷たい冬は落ちたドングリや㋒ジュヒをかじって過ごす。

サルに近い身体をもった人間も、これらの四季の変化に同じように反応する。もえいずる春には山菜が欲しくなるし、秋には真っ赤に熟《う》れた柿やリンゴに目が

問一　＝＝線部㋐～㋖のカタカナは漢字に直し、漢字は読みを書きなさい。

問二　～～線部「思いを[A]」が、【あれこれと考える】という意味になるように、[A]にあてはまる言葉を、次から一つ選び、記号で答えなさい。

ア　とどける　　イ　めぐらす
ウ　くむ　　エ　とめる

問三　――線部①「これ」が指す言葉を本文中の言葉を使って、二十字前後で答えなさい。

ほころぶ。サルと同じように人間も長い時間をかけて植物と共進化をとげてきた証《あか》しである。人間の五感は食を通じて自然の変化を㋓テキカクに感知するようにつくられてきたのだ。

③人間にはサルと違うところが二つある。まず、人間は食材を調理して食べるという点だ。植物は虫や動物に食べられないように、硬《かた》い繊維《せんい》や二次代謝物で防《ぼう》御《ぎょ》している。それを水にさらしたり、火を加えたりして食べやすくする方法を人間は発達させた。さらに人間は川や海にすむ貝や魚を食材に加え、野生の動植物を*飼養したり栽培したりすることによって得やすく、食べやすく、美味にする技術を手にした。人間は文化的雑食者であるともいわれる。日本人もその独特な文化によって、ニホンザルに比べると圧倒《あっとう》的に多様な食材を手に入れることができたのである。

もう一つの違いは、人間が食事を人と人とをつなぐコミュニケーションとして利用してきたことだ。サルにとって食べることは、仲間との*あつれきを引き起こす原因になる。自然の食物の量は限られているから、複数の仲間で同じ食物に手を出せばけんかになる。それを防ぐために、ニホンザルでは弱いサルが強いサルに遠慮《えんりょ》して手を出さないルールが徹底《てってい》している。強いサルは食物を独占《どくせん》し、決して仲間に分けたりはしない。そのため、弱いサルは場所を移動して別の食物を探すことになる。

ところが、人間はできるだけ食物を仲間といっしょに食べようとする。ひとりでも食べられるのに、わざわざ食物を仲間の元へもち寄って共食するのだ。

共食の*萌芽《ほうが》はすでにゴリラやチンパンジーに見られる。チンパンジーは時折狩《しゅ》猟《りょう》をする。力の強いオスがサルやムササビなどを捕まえてその肉を食べるのだ。そんなとき、獲物を捕らえたオスの周りには他のオスやメスたちが群がってくる。めったに得られない肉の分配にあずかろうとしてやってくるのだ。肉をもったオスは力が強いので、その肉を独占して食べようとすればできないことはない。[B]、他のチンパンジーの要求は執拗《しつよう》で、なかなか拒《こば》むことができず、ついに

問四　――線部②「それ」が指す言葉を次から一つ選び、記号で答えなさい。

ア　一日のうちで最も大きな関心事は食べ物であるということ。

イ　主な食べ物が自然のあちこちに散らばっているということ。

ウ　主な食べ物が季節によって姿を変える植物だということ。

エ　いつ、どこで、何を、どのように食べるかということ。

問五　――線部③「人間にはサルと違うところが二つある」とあるが、人間がサルと違うところを、本文中の言葉を使って、三十五字以内で二つ答えなさい。

問六　[B]、[C]にあてはまる言葉として、適切なものを次からそれぞれ一つずつ選び、記号で答えなさい。

ア　もし　　イ　だから　　ウ　また

エ　たとえば　　オ　しかし

は引きちぎってとるのを許してしまう。チンパンジーの世界では、どんなに体の大きなオスでも力だけでは社会的地位を保てず、仲間の支持が必要である。肉の分配はその支持を得るために使われているようなのだ。［C］、サルとは違って、チンパンジーはもっぱら弱い個体が強い個体に食物の分配を要求し、いっしょに食べるのである。

最近私たちは、チンパンジーと同じようにゴリラも、オスが大きなフルーツをメスや子どもたちに分配しているのを観察した。オランウータンにも食物の分配行動があることが知られているから、ヒト科の類人猿はすべて、おとなの間で食物が分配されるという、霊長類にはまれな特徴《とくちょう》をもっていることがわかる。人間はその特徴を受け継《つ》ぎ、さらに食物を用いて互《たが》いの関係を調整する社会技術を発達させたのだ。

食事は、人間どうしが無理なく対面できる貴重な機会である。④人間の顔、とりわけ目は、対面コミュニケーションに都合よくつくられている。人間の目には、サルや類人猿の目と違って白目がある。この白目のおかげで、1~2メートル離れて対面すると、相手の目の動きから心の状態を読みとることができるのだ。

顔の表情や目の動きをモニターしながら相手の心の動きを知る能力は、人間が生まれつきもっているもので習得する必要がない。しかも、目の色は違っていても、すべての人間に白目がある。ということは、白目は人間にとって古い特徴でありながら、チンパンジーとの共通祖先と分かれてから獲得《かくとく》した特徴だということだ。対面して相手の目の動きを追いながら同調し、共感する間柄《あいだがら》をつくることができるのが、人間に特有な能力なのだ。それが人間に独特な強い信頼関係を育み、高度で複雑な社会の資本となってきたと考えることができる。

実は、⑤日本人の暮らしも、食物を仲間といっしょにどう食べるかという工夫のもとにつくられている。日本　㋔家屋は開放的で、食事をする部屋は庭に向かって開いている。四季折々の自然の変化を仲間と感じ合いながら食べられるように設計されているのだ。鳥や虫の声が響《ひび》き、多彩《たさい》な食卓《しょくたく》の料理が人々を饒舌《＊じょうぜつ》にす

問七　――線部④「人間の顔、とりわけ目は、対面コミュニケーションに都合よくつくられている」とあるが、どんな点が都合がよいのですか。本文中の言葉を使って、四十字以内で説明しなさい。

問八　――線部⑤「日本人の暮らしも、食物を仲間といっしょにどう食べるかという工夫のもとにつくられている」とあるが、どんな点に工夫が見られますか。最も適切なものを次から一つ選び、記号で答えなさい。

ア　自然の変化を楽しめるように、食事をする部屋が庭に向かって開いている点。
イ　多彩な食事を楽しめるように、庭で四季折々の野菜を育てている点。
ウ　いつでもだれでも気軽に家に食事を持ってこれるように、玄関を開けている点。
エ　人々が饒舌になるように、食事中には必ず自然の音をひびかせている点。

る。その様子をだれもが見たり聞いたりでき、外から気軽に参加できる仕組みが、日本家屋の造りや和食の作法に組みこまれている。

だが、㋕昨今の日本の暮らしはプライバシーと㋖コウリツを重んじるあまり、食事のもつコミュニケーションの役割を忘れているように思う。和食の遺産登録を機に、自然と人、人と人とを豊かにつなぐ日本の和の伝統を思い返してほしい。

（『ゴリラからの警告』山極寿一）

＊飼養…動物を飼い養うこと。
＊あつれき…不和。
＊萌芽…始まり。
＊饒舌…おしゃべり。

問九　本文を通して筆者が述べたかったのはどのようなことですか。最も適切なものを次から一つ選び、記号で答えなさい。

ア　長い時間をかけて共進化をとげた歴史をつなぐためにも、人間がサルやチンパンジーと共存していかなければならない。

イ　ゴリラやチンパンジーさえ食べ物を利用して仲間の支持を得るから知能が高い人間も食を大切にしなければならない。

ウ　人間がもっている本来の能力をいかし、食事のもつコミュニケーション力をもっと活用していかなければならない。

エ　人間とサルとの違いは言葉によるコミュニケーション力なのだから、やはり直接的な対話を重視しなければならない。

二

次の文章を読んで下の問いに答えなさい。

【光陵《こうりょう》中学校弓道部の部員である早弥が、県大会個人戦の決勝に臨《のぞ》んでいる。決勝は的から矢を外した者が負けとなる形式となっている。他の部員や家族、卒業生の由佳が決勝の行方を見守っている。】

十順目。

早弥《さや》が射位＊に立った。実良《みら》は、身じろぎもせず、早弥の動きを見つめている。

控《ひか》えの春は瞑想《めいそう》するように目を閉じた。

早弥は静止している。由佳の目に風景がモノクロ＊に見えたとき、引きしぼられた弦《つる》から、早弥の矢が飛び出した。

きゃん。

弦音がした。

矢音は？

視線をゆっくりと的に合わせる。景色が色を取り戻す。たった一本だけ、的の左側に刺《さ》さっていた。

外れた。

春を見ると、目をつぶったまま［A］を寄せていた。

「終了《しゅうりょう》」

審判《しんぱん》の声がした。早弥の掲示板《けいじばん》に×がともり、すでに十本目を中《あ》てていた武内容子の優勝が決定した。

重苦しい空気が流れている。決勝の負け方が、早弥には①どうしてももどかしかった。気が焦《あせ》ってしまったのだ。実良が外し、響子《きょうこ》が失矢＊をしてしまったところまでは、なんとか自分を保てた。が、一対一の戦いになったとたん、勝ちを意識してしまった。四人のときは、どこかに隠《かく》れていた勝利の文字が二人になったとたん、ちらつきはじめたのだ。

春も珍《めずら》しく落ちこんでいる。二度目も同じ学校の選手に㋐ヤブれたことが応《こた》

問一　═══線部㋐～㋒のカタカナは漢字に直し、漢字は読みを書きなさい。

問二　［A］に入る言葉を次から一つ選び、記号で答えなさい。

ア　肩《かた》　**イ**　眉《まゆ》

ウ　膝《ひざ》　**エ**　鼻

問三　───線部①「どうしてももどかしかった」とあるが、どんなことがもどかしかったのですか。二十五字以内で書きなさい。

問四　［B］、［C］に入る言葉を次からそれぞれ一つずつ選び、記号で答えなさい。

ア　かっと　**イ**　ざっと

ウ　ぞっと　**エ**　ほっと

オ　ふっと　**カ**　ぐっと

えたのだろう。
実良だって［B］黙《だま》りこんでしまっていた。
とても団体戦を戦えるような心持ちではない。
「三本の矢の話を知っとるか」
しょげ返った三人に澤田《さわだ》先生は言った。
「毛利元就《もうりもとなり》ですね。息子たちに三本の矢を使って団結をさとしたという」
「さすがよく知っとるな、春。おれはおまえたちを見とって、いつもあの話を思い出しとったんよ。一人一人はまだまだ弱いけど、おまえたちは三人になったら、びっくりするほどの力が出る。これは、お㋑世辞でも、暗示にかけるつもりでもない。本当にチームワークがいいと思う」
淡々《たんたん》としているが、まっすぐに向かってくるような声だ。
「おれはな、四本目になりたかったんよ。素人《しろうと》やけど、そんな気持ちでいっしょにやってきた」
②熱いものがぐっとこみ上げる。
澤田先生は＊坂口先生のように、実質的な指導はしなかったけれども、注意深く自分たちを見てくれていた。それがどれだけ心強かったことか。
「こんなところで負けるために、がんばったんじゃない」
実良の声だった。しぼりだすような声だ。
春も［C］目を見開いた。
「みんなが同じ気持ちやったら、ぜったい行ける。おれらは勝てる」
早弥は左手を握《にぎ》りしめた。手のひらにはもう＊たまごはない。③どきんとした。
ああ、そうか。
坂口先生にあげたのだ。その手をふいに実良が握った。目を上げると、実良は黙ってうなずいた。手に力がこめられる。温かい。上から、春の大きな手がおおった。力を感じる。三本の手が一本になったような強い一体感を感じた。
もう一度、白水さんに会いたい。
不意に思いがこみ上げてきた。「来年は楽しみだが」という声が、耳の奥で響《ひび》いた。
「光陵、ファイト！」

問五　――線部②「熱いものがぐっとこみ上げる」とあるが、このときの早弥の気持ちとして最も適切なものを次から一つ選び、記号で答えなさい。
ア　実質的な指導をしない澤田先生がやる気を見せてくれたので安心している。
イ　熱心に実技指導をしてくれていた澤田先生の本心を聞いておどろいている。
ウ　日ごろから見守ってくれている澤田先生の言葉が深く心にしみている。
エ　坂口先生とは一味ちがう澤田先生のやさしさにふれて全員が感動している。

問六　――線部③「どきんとした」とあるが、このときの早弥の気持ちを述べたものとして最も適切なものを次から一つ選び、記号で答えなさい。
ア　他の部員は自分とちがってやる気がないと気づいた。
イ　まだまだ心のどこかに不安を感じている自分に気づいた。
ウ　他の部員はやる気が出てきたのに自分だけにげていたことに気づいた。
エ　坂口先生にたまごをあげたことをくやんでいる自分に気づいた。

春が太い声で叫《さけ》んだ。
「おう!」
早弥もおなかの底から叫んだ。三人の声がそろった。

団体戦が始まった。午後のきつい日差しに照らされて、芝生《しばふ》が青く輝《かがや》いている。
射場に立った早弥は、ゆっくりと長い息を吐いた。気が*丹田《たんでん》に満ちていく。
はるかな*あずちに埋《う》めこまれた的に、ちらりと視線を送る。
矢を番《つが》え、右手で弦を握《にぎ》った。やわらかく。ふんわりと。けれども確かに握る。
上昇《じょうしょう》した弓を、ゆっくりと下ろしていく。早弥の左手首は、その一点を知っているかのようにぴたりと止まる。右手で弦を引き始める。早弥の力にⓊ呼応するように、弦が伸《の》びる。なめらかに。ごく自然に。
周りの音がきこえなくなる。風の流れも感じなくなった。⑤やがて的が視覚的な存在を消し、心の中に大きく浮かんだ。
その*せつな。
きゃん、
ぱん。
新しい音が生まれた。気持ちのよい気が、自分を包《つつ》んでいる。
世界が再び動きだした。

(『たまごを持つように』まはら三桃)

*射位…弓をつがえ、矢を射る場所。
*モノクロ…白黒。
*失矢…引いている途中《とちゅう》で矢を落とすこと。
*坂口先生…前監督。
*たまご…弓をつがえる基本の型をつかむためにずっと使い続けていたうずらの卵。
*丹田…へその下にあたるところ。ここに力を入れると健康と勇気を得《え》るといわれている。
*あずち…弓を射るとき、的の背後に土を山形に築《きず》いた所。
*せつな…一瞬《いっしゅん》。

問七 ——線部⑤「やがて的が視覚的な存在を消し、心の中に大きく浮かんだ」とあるが、これは早弥のどんな様子を表していますか。最も適切なものを次から一つ選び、記号で答えなさい。
ア 的を射ることに集中している様子。
イ 的を射ることを恐《おそ》れている様子。
ウ 的を射たことを想像している様子。
エ 的を射たことが信じられない様子。

問八 この文章の特徴として最も適切なものを次から一つ選び、記号で答えなさい。
ア 由佳の視点のみで情景をとらえ、会場の空気を主観的にえがいている。
イ 心のつぶやきをくりかえすことで、登場人物の複雑な関係をえがいている。
ウ たとえと長い文をおりまぜて、登場人物の心の動きをたくみにえがいている。
エ 擬《ぎ》音語と簡潔な表現によって場面の展開をテンポよくえがいている。

三

次の問いに答えなさい。

問一　次の文の――線部の漢字は読みを書き、カタカナは漢字に直しなさい。送り仮名が必要なものは適切に入れなさい。

① 愛媛県のみかん。
② 茨城県の干しいも。
③ 岐阜県の温泉。
④ 新しい八百屋。
⑤ カンダンの差が激しい。
⑥ コキョウをなつかしむ。
⑦ この意見にイゾンはない。
⑧ 学問へのタンキュウ心。
⑨ 事実がゴニンされる。
⑩ 神社にサンパイする。
⑪ ジュウオウに広がる道。
⑫ 心をフルイ立たせる。
⑬ オサナイ弟と過ごす。
⑭ ユソウ手段を考える。

問二　次の文の――線部を（　）の字数に合わせて正しい敬語に直し、すべてひらがなで答えなさい。

① お客様、何か飲みますか。（六字）
② 先生に色紙をもらいました。（四字）
③ 母が「すぐにそちらにおいでになります。」と申していました。（四字）

問三　【　】の意味になるように次の□に漢字を一字ずつ入れ、四字熟語を完成させなさい。

① 一心□□【一つのことに集中すること。】
② □□苦闘《とう》【困難に打ち勝とうと努力すること。】
③ □□混交【すぐれたものとおとったものが混じっていること。】
④ □□転倒【主要なこととささいなことを取り違えること。】
⑤ 日進□□【絶え間なく発展すること。】

問四　次の文の――線部の修飾語が直接かかる言葉を書きぬきなさい。

①　庭の花だんにきれいな花がさいた。

②　五日間降り続いた雨がようやくやんだ。

③　白と黒の毛糸でセーターをあんだ。

四

S小学校では来月に他県の小学生と交流会を行うことになり、六年生のクラスごとに佐賀県の魅力を紹介するための話し合いをすることになりました。次の【話し合い】を読んで、あとの条件にしたがってあなたの意見を書きなさい。

【話し合い】

司会……今から、海外の方に佐賀県の魅力をどうやって伝えるか、話し合いをしたいと思います。まず、佐賀県の何を伝えるかということと、その理由について意見をお願いします。

あなた…（　　　　　　　　　　）

【条件】

① 原稿用紙の書き方にしたがって書くこと。
② 一段落目には、あなたが紹介したいもの、または紹介したいことと、その理由を書くこと。
③ 二段落目には、紹介する方法を具体的に書くこと。
④ 百六十一字から二百字で書くこと。

令和５年度前期　中学校試験問題　算　数

(50分)

注　意　事　項

1．問題用紙や解答用紙が配られても、「はじめ」という指示があるまでは、問題用紙を開いたり、解答を記入したりしてはいけません。

2．「はじめ」という指示で、まず解答用紙に自分の**受験番号と氏名**を記入し、問題をときはじめなさい。

3．**答えはすべて、解答用紙に記入しなさい。**なお、※印らんには何も記入してはいけません。

4．質問があるときや、気分が悪くなったときは、だまって手をあげなさい。

5．解答の記入が終わっても、「やめ」という指示があるまでは自分の席で静かに待っていなさい。

6．試験終了《しゅうりょう》後、監督者《かんとくしゃ》の指示にしたがって、**解答用紙**を提出しなさい。なお、**問題用紙**は持ち帰りなさい。

解答上の注意事項

○　答えが分数になるときは、約分をしてもっともかんたんな形で表すこと。
○　円周率は3.14として計算すること。

1　次の計算をしなさい。

(1)　$36+9\div3+12$

(2)　$11+23+35+47+59+95$

(3)　$\left(\frac{1}{2}+\frac{1}{3}\right)\times0.75-\frac{1}{8}$

(4)　$29+21\div\{(37-13)\div6\times2-1\}$

(5)　$58\times2.3-23\times2.3+65\times2.3$

2 次の□にあてはまる数を答えなさい。

(1) りんごが28個、みかんが41個あります。□人の子どもに、まず、りんごを同じ数ずつ配ると余りなく配ることができました。次に、みかんを同じ数ずつ配ると6個余りました。

(2) 昨年度の日本の女性の平均寿命は、87.57さいでした。これは、1年を365日として小数点第1位を四捨五入すると、87さいと□日になります。

(3) 60kmの道のりを時速□kmで進むと72分かかります。

(4) A町の人口は百の位を四捨五入すると35000人で、B町の人口は百の位を四捨五入すると27000人です。A町とB町の人口の差はもっとも大きくて□人です。

(5) □ページある本を、1日目に全体の$\frac{1}{3}$、2日目に残りの$\frac{2}{5}$、3日目に30ページ読むと、全部読み終わります。

(6) Aさん、Bさん、Cさんの3人の身長はそれぞれ143cm、151cm、147cmです。身長が□cmのDさんを加えた4人の身長の平均は、Aさん、Bさん、Cさんの3人の身長の平均より1.5cm高くなります。

3 次の(1)~(3)の各問いに答えなさい。

(1) 1本110円と1本165円の2種類のボールペンがあります。代金の合計が3300円になるように2種類のボールペンを買います。次の①、②の各問いに答えなさい。

① 2種類のボールペンを合わせて22本買うとき、110円のボールペンは何本ですか。

② どちらのボールペンも必ず1本は買うことにして、ボールペンをできるだけ多く買います。このとき、ボールペンは全部で何本ですか。

(2) 3つの数字1、2、3だけを用いて表される整数を小さい順に並べると次のようになります。

1, 2, 3, 11, 12, …, 33, 111, 112, 113, …

次の①、②の各問いに答えなさい。

① 31は最初から数えて何番目ですか。

② 最初から123まで並べた数の中に、3の倍数は何個ありますか。

※合計

令和五年度前期 中学校
国語 解答用紙

受験番号

氏名

※100点満点

一

※

問一
ア セイシン
イ 育んで
ウ ジュヒ
エ テキカク
オ 家屋
カ 昨今
キ コウリツ

問二

問三

問四

問五
・
・

問六
B
C

問七

問八

問九

問一. 1点×7
問二. 3点
問三. 3点
問四. 3点
問五. 3点×2
問六. 3点×2
問七. 3点
問八. 3点
問九. 3点

二

問一
ア ヤブれた
イ 世辞
ウ 呼応

1点×3
3点
3点
3点×2
3点
3点
3点
3点

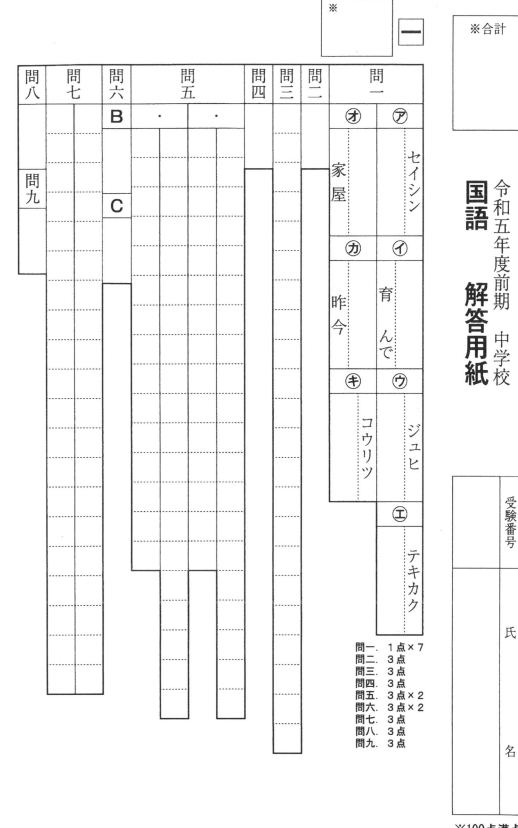

三

問一 ㋐ ㋑ ㋒

問八

問五

問七

問六 B C

問四

国語 解答用紙

(3)	
①	②
m手前	午前　　時　　分

4

(1)	(2)	
	①	②
度	cm	cm^2

(3)	(4)	
	①	②
cm^2	cm^2	cm^2

※

4点×6

5

(1)	(2)
毎分　　cm^3	cm

※

4点×2

令和５年度前期　中学校

算数　　解答用紙

受験番号	氏　　　　名

※合計

※100点満点

1

(1)	(2)	(3)	(4)	(5)

※

４点×５

2

(1)	(2)	(3)	(4)
人	日	時速　　　km	人
(5)	(6)		
ページ	cm		

※

４点×６

3

(1)		(2)	
①	②	①	②

※

【解答

問三

問四 B C

問五

問六

問七

問八

三

※

問一		
① 愛媛	⑥ コキョウ	⑪ ジュウオウ
② 茨城	⑦ イゾン	⑫ フルイ
③ 岐阜	⑧ タンキュウ	⑬ オサナイ
④ 八百屋	⑨ ゴニン	⑭ ユソウ
⑤ カンダン	⑩ サンパイ	

問二 ① ② ③

問三 ① 一心 ② 苦闘 ③ 混交 ④ 転倒 ⑤ 日進

問四 ① ② ③

問一． 1点×14
問二． 1点×3
問三． 1点×5
問四． 1点×3

四

※

161

200

11点

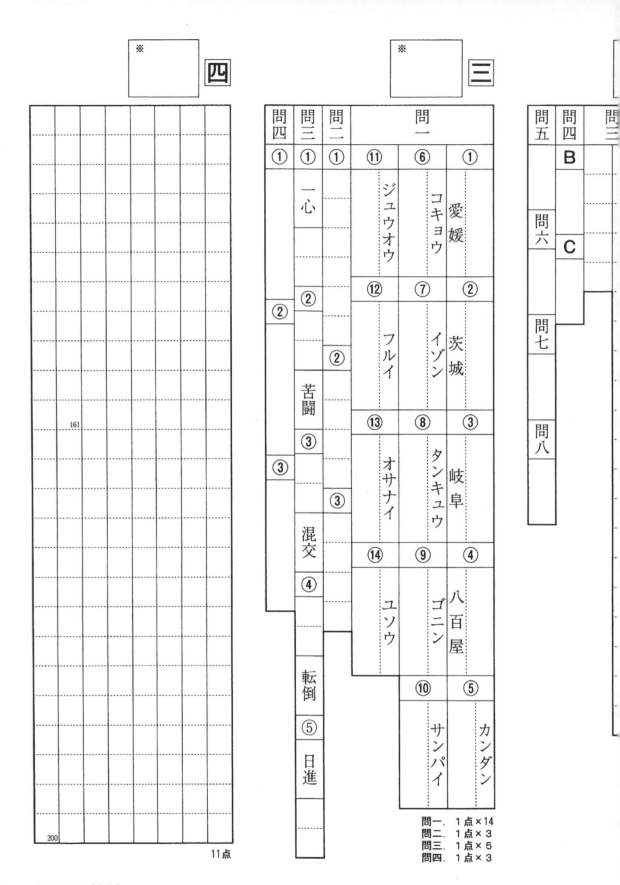

(3)　弟は歩いて、姉は自転車に乗って、同じ学校に通学しています。２人は午前７時 45 分に家を出て学校に向かいました。姉は始業時刻の 11 分前に着きましたが、弟は３分遅刻しました。弟の歩く速さは分速 100 m、姉の自転車の速さは分速 200 m です。次の①、②の各問いに答えなさい。

①　始業時刻に弟がいた地点は、学校の何m手前ですか。

②　始業時刻は午前何時何分ですか。

4 次の(1)～(4)の各問いに答えなさい。

(1) 右の図で、㋐の角の大きさは何度ですか。

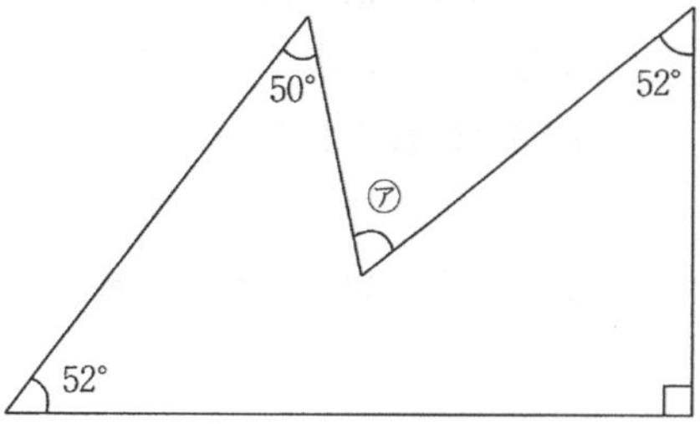

(2) 図Ⅰは、半径が４cmの円を４等分したものです。次の①、②の各問いに答えなさい。

① 図Ⅰのまわりの長さは何cmですか。

図Ⅰ

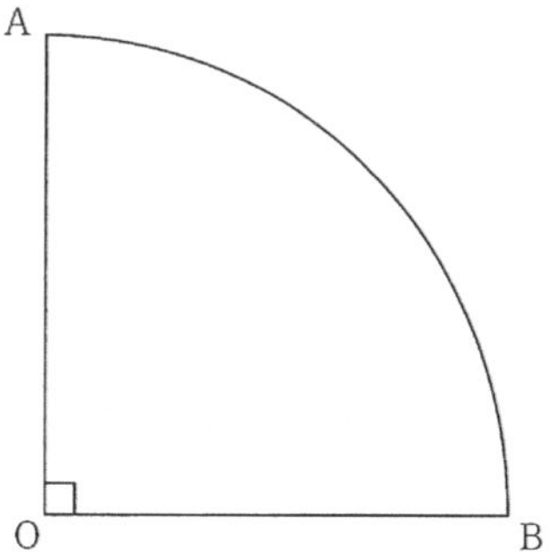

② 図Ⅱは、図Ⅰに辺ＯＢとＢＣの長さが等しい直角二等辺三角形ＯＢＣを書き加えたものです。色のついた部分の面積は何㎠ですか。

図Ⅱ

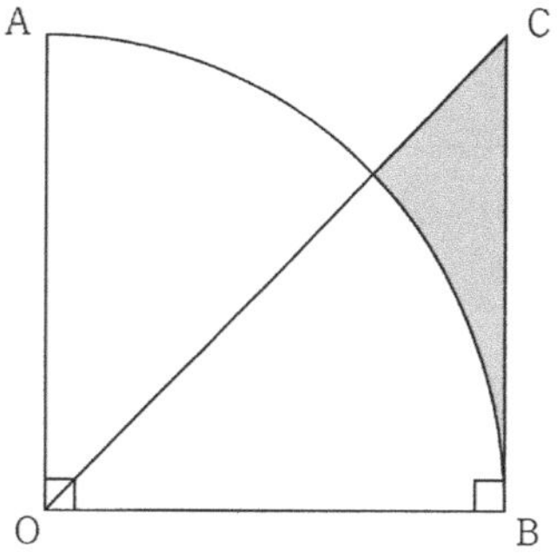

(3) 右の図は、長方形の内部に点をとり、長方形を４つの三角形に分けたものです。色のついた部分の面積は何㎠ですか。

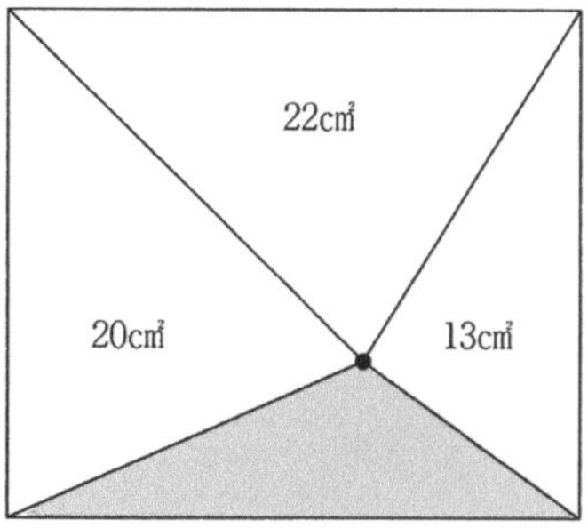

(4)　1辺の長さが1cmの立方体がたくさんあります。これらの立方体をいくつか使い、面と面がずれないように重ね合わせて、並べたり積み重ねたりして1つの立体を作ります。下の図は、作った立体の例です。次の①、②の各問いに答えなさい。

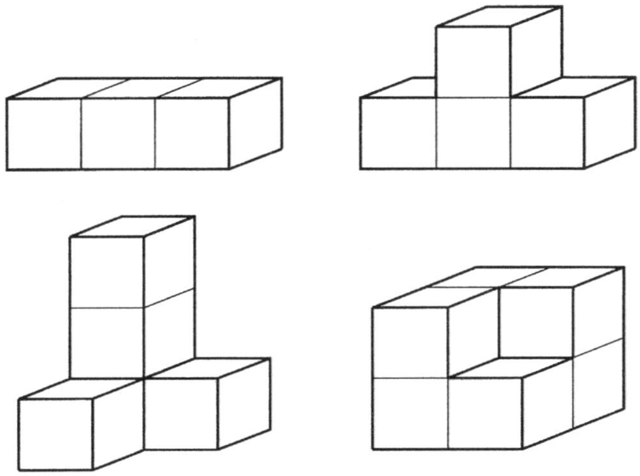

①　6個の立方体で1つの立体を作るとき、表面積がもっとも大きい立体の表面積は何cm²ですか。

②　9個の立方体で1つの立体を作るとき、表面積がもっとも小さい立体の表面積は何cm²ですか。

5 図Ｉのように、２つの直方体を合わせた形の水そうがあります。この水そうに、一定の割合で水を入れます。図Ⅱは、水を入れ始めてから満水になるまでの時間と水面の高さの関係を表したグラフです。次の(1)、(2)の各問いに答えなさい。

図Ｉ

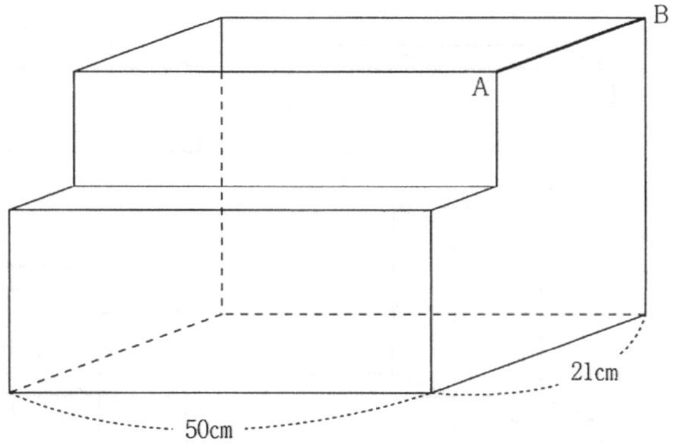

図Ⅱ

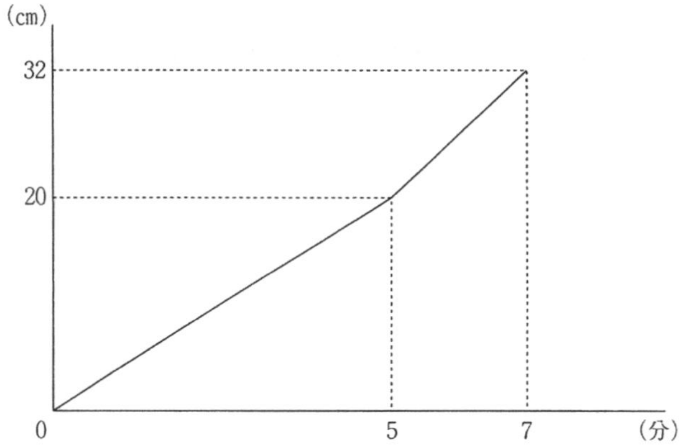

(1) 水そうに入れる水の量は毎分何㎤ですか。

(2) ＡＢの長さは何cmですか。

令和四年度前期 中学校試験問題 国語

（50分）

成穎中学校

注意事項

1、問題用紙や解答用紙が配られても、「はじめ」という指示があるまでは、問題用紙を開いたり、解答を記入したりしてはいけません。

2、「はじめ」という指示で、まず解答用紙に自分の**受験番号と氏名**を記入し、問題をときはじめなさい。

3、**答えはすべて、解答用紙に記入しなさい。**なお、※印らんには何も記入してはいけません。

4、質問があるときや、気分が悪くなったときは、だまって手をあげなさい。

5、解答の記入が終わっても、「やめ」という指示があるまでは自分の席で静かに待っていなさい。

6、試験終了《しゅうりょう》後、監督者《かんとくしゃ》の指示にしたがって、**解答用紙**を提出しなさい。なお、**問題用紙**は持ち帰りなさい。

一

次の文章を読んで下の問いに答えなさい。

枝を広げ、葉を茂《しげ》らせて、激しく空間を争い合う植物。しかし、植物どうしの戦いは、地面の上だけではない。地面の下では、①さらに激しい戦いが繰《く》り広げられている。

植物は根を張りながら、根から、さまざまな化学物質を出す。そして、まわりの植物にダメージを与えたり、他の植物の種子からの発芽を阻害《そがい》したりして、他の植物を撃退《げきたい》するのである。

このように、化学物質を介《かい》して、他の植物の成長を抑制《よくせい》することは「アレロパシー」と呼ばれている。アレロパシーは、ギリシャ語で「互《たが》いに感受する」という意味の造語である。そのため、本来の意味では、植物どうしに㋐カギらず、植物と微生物《びせいぶつ》や昆虫《こんちゅう》あるいは、微生物どうしなど、すべての生物間の干渉《かんしょう》作用を言う。また、[A]生育を抑制するだけでなく、生育を促進《そくしん》するような効果を及《およ》ぼす場合も含《ふく》まれる。ただし、一般的にはアレロパシーは植物間の競合において、ある植物が出す物質が、別の植物の生育を阻害する場合に用いられている。

古くからクルミの木の下や、アカマツの木の下には下草や他の木が生えないことが知られていた。これはクルミやアカマツの根から出る物質が、他の植物の成長を阻害しているのである。

[B]、ほとんどの植物がアレロパシー活性のある物質を持っている。穏《おだ》やかに見える植物の世界も、日々、化学兵器を使った争いが繰り広げられているのである。

強いアレロパシー作用を持つ植物として、セイタカアワダチソウが知られている。

セイタカアワダチソウが、㋑河原や空き地などに一面に生えているようすをよく見かける。セイタカアワダチソウは、根から出す毒性物質によって、ライバルとなるまわりの植物の芽生えや生育を抑制し、自分の成長を優占《＊ゆうせん》的に行う。こうして、他の植物を駆逐《くちく》して、一面に大繁殖《だいはんしょく》するのである。まさに、恐《おそ》ろしい化学兵器を使っているのだ。

問一　═線部㋐、㋑のカタカナは漢字に直し、漢字は読みを書きなさい。

問二　[A]にあてはまる言葉として最も適切なものを次から一つ選び、記号で答えなさい。

ア　全く　イ　必ずしも　ウ　おそらく　エ　少しも

問三　[B]に共通してあてはまる言葉として最も適切なものを次から一つ選び、記号で答えなさい。

ア　善かれ悪しかれ　イ　遅《おそ》かれ早かれ　ウ　高かれ低かれ　エ　多かれ少なかれ

問四　──線部①「さらに激しい戦い」について、

(1)　戦い方の内容を本文中の言葉を使って、「～という戦い方」につながるように三十字以内で書きなさい。

(2)　「さらに激しい戦い」とほぼ同じ意味で使われている言葉を本文中から十字で書きぬきなさい。

しかし、である。いつの頃《ころ》からか②セイタカアワダチソウに一時の勢いがなくなった。あれほど猛威《もうい》を振《ふ》るっていたはずの、セイタカアワダチソウが、衰退《すいたい》しつつあるという現象が起きているのである。一時は駆逐《くちく》されかけた、ススキやオギなどの日本の野草が盛り返して、セイタカアワダチソウを圧倒《あっとう》している例も少なくない。

セイタカアワダチソウの名は、背が高いことに由来している。その名のとおり、日本では二～三メートルもの高さになる。ところが、最近では、五〇センチ程度で花を咲《さ》かせているようすも、よく見かける。

どうして、あれほどの猛威を振るっていたセイタカアワダチソウが、おとなしくなってしまったのだろうか。

この原因の一つは③「自家中毒」にあると言われている。セイタカアワダチソウは、毒性のある化学物質でまわりの植物を次々に駆逐していった。そして、セイタカアワダチソウが独り勝ちしてしまったのである。ところが、他の植物がなくなると、相手を攻撃《こうげき》するはずのセイタカアワダチソウの毒は、セイタカアワダチソウ自身に影響《えいきょう》して、自らの成長を妨《さまた》げるようになってしまったのである。

ところが、不思議なことがある。

セイタカアワダチソウは、北アメリカ原産の外来雑草である。その原産地の北アメリカでは、セイタカアワダチソウは、けっして大繁殖《はんしょく》していない。

そもそも、祖国の北アメリカの草原では、けっして背も高くなく、一メートルにも満たない高さである。そして、秋の野に咲く美しい花として人々に親しまれている。猛威を振るうどころか、セイタカアワダチソウが咲く草原の自然を守ろうと、保護活動まで行われているくらいである。

そもそも、セイタカアワダチソウが日本にやってきたのは、美しい花を園芸的に利用しようと日本に導入したのが最初である。その美しい花が、④どうして、異国の日本では、猛威を振るっていたのだろう。

北アメリカでも、セイタカアワダチソウは同じように、根から化学物質を出している。じつは、すべての植物が［B］、根から化学物質を出して、まわりの植物を攻撃している。こうしてお互いに化学物質を放出しあう化学戦争が繰り広げ

問五　――線部②「セイタカアワダチソウに一時の勢いがなくなった」とあるが、筆者はどのような事実から、そう思うようになったのですか。本文中の言葉を使って、三十字以内で「～という事実」につながるように二つ書きなさい。

問六　――線部③「自家中毒」とはどういうことですか。『化学物質』、『成長』という言葉を使って簡潔に説明しなさい。

問七　――線部④「どうして、異国の日本では、猛威を振るっていたのだろう」という問いの答えを考えるために、次のような【表】を作りました。㋐～㋓にあてはまる言葉を本文中から五字以上で書きぬきなさい。

【表】

生息地	北アメリカ	日本
生態	（㋐）	二～三メートルもの高さ
まわりの植物との関係	（㋑）がとれている。	セイタカアワダチソウに対する（㋒）が不十分だった可能性がある。
人々の認識	美しい花として親しんでいる。	（㋓）と化しているので問題視している。

られているのだ。しかし、それに簡単にやられていたのでは戦いにならないから、まわりの植物は、それに対する防御《ぼうぎょ》の仕組みも発達させてダメージを防いでいる。そして、攻防のバランスがとれることによって見た目はアレロパシーがないかのように見えているのである。

アメリカでは、セイタカアワダチソウと大昔から戦い進化を遂《と》げてきたまわりの植物は、セイタカアワダチソウが出す毒成分に対する防御の仕組みを発達させている。こうして、バランスがとれているので、セイタカアワダチソウばかりが広がってしまうということはないのだ。

ところが、日本の植物は、新しく帰化*したセイタカアワダチソウの化学物質に対して、防御する仕組みを持っていなかった。もちろん、日本の植物も根からさまざまな物質を出すが、セイタカアワダチソウを攻撃《こうげき》する効果的な物質を持っていなかったのかも知れない。そのため、バランスを取ることができずに、セイタカアワダチソウは背が二～三メートルにも高くなる巨《きょ》大なモンスターと化して、大暴れをしてしまったのである。

しかし、お互いの攻撃の中でバランスを保っていたセイタカアワダチソウにとっても、独り勝ちは初めての経験であった。そして、結果的に自らの毒で身を滅《ほろ》ぼすことになってしまったのである。同じように日本では野草として親しまれているイタドリやススキも、海外に渡《わた》るとモンスターと化して大雑草として問題になっている。

穏やかに見える植物も、地面の下ではお互いに攻撃し合っている。しかし、植物の世界は、それでバランスを保っているのだから、自然界というのは、すごいものである。

（稲垣栄洋『たたかう植物―仁義なき生存戦略』ちくま新書）

*優占…生物群集内で特に個体数が多いこと。

*帰化…外国から渡来した動植物が環境に適応し、野生化して繁殖すること。

問八　この文章の内容に合っているものを次から一つ選び、記号で答えなさい。

ア　外来種と在来種を比べ、植物界の仕組みを日本人がもっと知り、在来種の植物を守るべきだと主張している。

イ　植物界の生存競争の一部を取り上げ、植物のたくましさや調整能力に気づいてもらおうとしている。

ウ　国の違いや人の考え方によって、ある生物が滅んでいく可能性があることをほのめかしている。

エ　外来種である植物を例に取り上げ、人間の都合で外国から動植物をむやみに輸入するのは危険だと述べている。

二

次の文章を読んで下の問いに答えなさい。

【あたし（香織）は、小さいころから剣道に打ちこんできた。現在、高校剣道部の一員だが、自分の不調のせいで団体戦での全国出場を台無しにしてしまい、剣道部にも、ずっと通い続けていた桐谷《きりや》道場にも居場所がないと感じている。警察官で剣道を教えている父にも試合のことで怒《おこ》られたばかりである。】

「……へえ、上手いもんだね」

＊小学四年のあの日以来、あたしは父に、剣道に関する一切《いっさい》の㋐ソウダンをしなくなっていた。道具は＊たつじいに。技に関しては桐谷先生に。それによって生ずる費用は母に。だからだろうか。父の手先がこんなに器用だとは、今まで知らなかった。これまでも、道具の手入れをする姿を見たことはあったが、手元が見えるほど近寄ったことはなかった。

「……持ってこい」

こっちを振り返りもせず、父は低く、短くいった。

「え？」

「お前の竹刀《しない》、持ってこい……削《けず》ってやる」

いいよ、＊蒲生《がもう》さんでやってもらってるから。そう、喉《のど》元まで出かかったけれど、何とか呑《の》み込《こ》み、

「……うん……」

あたしは、自分でも情けなくなるほど、［ A ］頷《うなず》いた。

＊踵《きびす》を返し、廊下《ろうか》に出て、階段を三段飛ばしで駆《か》け上がり、竹刀袋を引っつかんでまた下りる。

戻《もど》っても、もうそこに父の姿はないのではないか。そんな思いもよぎったが、いた。背筋《せすじ》を伸《の》ばし、少しだけ肩《かた》を丸めた姿勢で竹にペーパーをかけている。白い削りカスが風に乗り、左の方へと流されていく。

問一　━━線部㋐～㋖の漢字は読みを、カタカナは漢字に直しなさい。

問二　［ A ］にあてはまる言葉として最も適切なものを一つ選び、記号で答えなさい。

ア　このうえなく　　イ　あっけなく

ウ　ぎこちなく　　エ　さりげなく

後ろに立つと、
「……㋑カせ」
粉だらけの右手を、肩越《かたご》しに出す。
「うん……」
あたしは、一番ささくれがあるのを選んで渡《わた》した。
「……①こういうもんは、中学生になったら、自分でやるもんだ」
苦手なんだから仕方ないだろ。だがそれも思っただけで、口には出さなかった。
中結《なかゆい》を解き、弦《つる》を解き、革をはずし、竹刀をすべてバラバラにする。
「香織」
「……ん？」
「かつての武士は、戦《いくさ》をするのが仕事だった」
なんだ、いきなり。
「……②はあ」
「だが戦乱の世が終わり、武士は悩《なや》んだ。もう、剣の強さは必要ないのか。自分たちに存在㋒カチはないのか……そこで考え出されたのが、〝殺人刀《せつにんとう》と活人剣《かつにんけん》〟の概念《がいねん》だ。平和な世の中にも必ず悪人はいる。その悪人を斬《き》るのは〝殺人刀〟だが、それによって、これから被害《ひがい》に遭《あ》うかもしれない人たちを救うことができる。活かすことができる。即《すなわ》ち〝殺人刀〟は、使い方一つで、〝活人剣〟になる。そういう考え方だ」
一応、それくらいは知っていた。どの『*五輪書』だったかは忘れたが、解説にそんなことが書いてあった。
小刀に削られたささくれが、ピッ、ピッ、と飛び、芝生《しばふ》に落ちて刺《さ》さる。
「まあ、現代ではそうもいかないがな。どんな悪人でも、㋓サイバンを受ける㋔ケンリはある。三人殺そうが四人殺そうが、とりあえず生け捕《ど》りにしなければならない……法治国家とは、警察力とは、そういうものだ。……社会というのは、そういうものだ」

問三　——線部①「こういうもん」は何を指しますか。本文中の言葉を使って、十字前後で書きなさい。

問四　——線部②「……はあ」と言った時の香織の気持ちとして最も適切なものを次から一つ選び、記号で答えなさい。

ア　父のいつもの説教がいつまで続くのかといらだっている。
イ　剣道について父から何か問われるのではないかとあせっている。
ウ　すでに知っていることを話そうとしている父をあわれんでいる。
エ　突然《とつぜん》始まった父の話に気持ちが追いつかずにとまどっている。

急に話がデカくなった。一体、何がいいたいのだろう、この親父は。
まだ続ける。
「武士道……そう、言い換《か》えてもいい。義、勇、仁《じん》、誠、名誉《めいよ》、忠義、克己《こっき》……集約すれば、世のためを思い、他人を敬い、精進《しょうじん》を怠《おこた》らない……そういう㋕コロエに行き当たる。最低、その三つを忘れなければ、人はどこでも、いつの時代でも生きていける。逆に、その一つでも欠いたら、そいつに生きる㋖シカクはない。社会に生きる人間とは、そうあるべきものだ。そして人間には、どんなに小さくても、群《むれ》が必要なんだ」
溜《た》め息か、それともクズを吹いたのか。フウと吐《は》きかけ、竹の縁《ふち》を指で撫《な》でる。
「……人は誰も、一人では生きられない」
どうもそれが結論だったらしく、以後、父は黙《だま》り込んだ。
残りの竹も削《けず》り、＊柄革《つかがわ》、先革《さきがわ》をかぶせる。弦《つる》を張り、中結《なかゆい》を結ぶ。またすぐ手を出すので、あたしは残りの二本をまとめて渡した。それらはさほどでもないと思ったのか、中結を解いて、ちょっとペーパーをかけただけで終わりになった。
「……こっちは、大丈夫だ」
「うん。まだ、新しいから……」
三本まとめて渡された。あたしはそれを竹刀袋に戻《もど》した。
父は手についたクズを払《はら》い、庭の向こうに目をやった。
昔はこの庭で、よく三人で稽古《けいこ》をした。靴《くつ》を履《は》くので板の間でやるような摺《す》り足はできないが、それでも、けっこういい練習にはなった。
「香織」
「ん?」
「③……また、持ってこい」
ん、なに、竹刀のこと?
「ああ、うん……」

問五 ――線部③「……また、持ってこい」と言った時の父親の香織に対する気持ちを、『香織』と『剣道』という言葉を使って「〜という気持ち」につながるように三十五字以内で書きなさい。

問六 ――線部④「それはまあ、あたしも、似たようなもんか」とあるが、この時の香織の気持ちとして最も適切なものを次から一つ選び、記号で答えなさい。

ア 不器用な父にあきれながらも、自分も同じだとあらためて自覚している。
イ 乱暴な父をうっとうしく思いつつ、自分も同じかと諦《あきら》めを覚えている。
ウ 思いやりのある父を見直しつつも、自分も同じかなと疑問を抱《いだ》いている。
エ ぶっきらぼうな父に怒りを感じつつも、自分も同じだと反省している。

「壊《こわ》れたら、また直してやる……折れたら、新しいのを買ってやる……だから、持ってこい」

まったく。そんなふうにしかいえないのかね。この親父は。

「うん……ありがと。じゃあ……また、頼《たの》むかも」

④それはまあ、あたしも、似たようなもんか。

（誉田哲也『武士道シックスティーン』文春文庫刊）

＊小学四年のあの日…剣道の試合で、父の教え子に兄が負けた日。
＊たつじい…剣道の道具をあつかう店のおじさん
＊蒲生《がもう》さん…たつじいの名字
＊踵を返す…引き返す
＊『五輪書』…剣道の解説書
＊柄革《つかがわ》、先革《さきがわ》、弦《つる》、中結《なかゆい》…竹刀の各部分の名称

竹刀《しない》

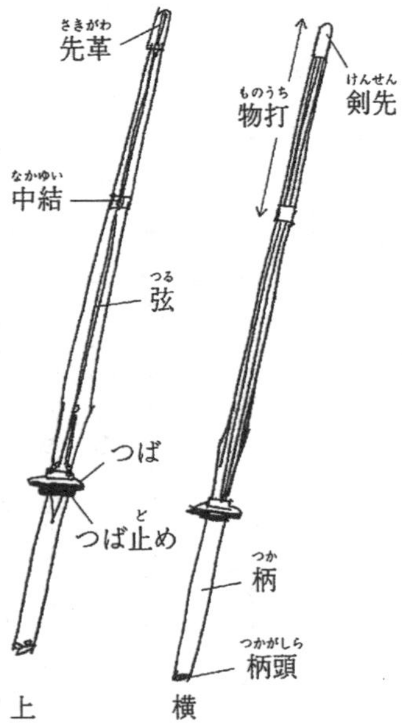

問七　この文章を説明したものとして最も適切なものを次から一つ選び、記号で答えなさい。

ア　第三者の視点からえがくことで、主人公の気持ちの変化が読み手に伝わりやすいようにしている。

イ　「……」を用いることで、読み手が場面を具体的に想像し、臨場感を味わえるようにしている。

ウ　過去の思い出を入れることで、読み手が主人公の本当の気持ちに近づけるようにしている。

エ　「ピッ、ピッ」などの擬《ぎ》音語を用いることで、読み手に人物どうしの距離《きょり》感が想像できるようにしている。

三

次の問いに答えなさい。

問一　次の――部の漢字は読みを書き、カタカナは漢字に直しなさい。ただし、送り仮名が必要な場合は正しく入れなさい。

①　速やかな対応。　②　眼鏡をかける。　③　清水が流れる。

④　技を練る。　⑤　祖母の家をタズネル。　⑥　人のヒヒョウは様々だ。

⑦　テンラン会の絵。　⑧　教えにシタガウ。　⑨　チョゾウされたみかん。

⑩　問題をケントウする。　⑪　ボウエキ船が通る。　⑫　ホウフな材料。

⑬　シショウをきたす。　⑭　気持ちをフルい立たせる。　⑮　ミンシュウをひきいる。

問二　次の文の――線部を正しい敬語に直しなさい。

①　お客様、何か飲みますか。

②　卒業式で校長先生に色紙をもらいました。

③　先生、少しお待ちください。お父さんがすぐおいでになります。

問三　【　】の意味の四字熟語になるように□に漢字を入れ、完成した四字熟語の読みも答えなさい。

①　□想□外【思いもよらない変わった考え】

②　前代□□【これまでにきいたことがないこと】

③　一□一□【ごく短い時間】

④　大□□成【大人物ができるには時間がかかること】

⑤　花□風□【季節ごとの自然の美しい風物】

問四　次の各文の主語と述語をそれぞれ答えなさい。

① 父と母が出かけているので、上の姉が食事を作った。

② 駅前の広場は今日も多くの人でにぎわっている。

③ 予報によると、明日には雨がやむそうだ。

問五　次の①～⑥の文の意味に合うように□に漢字一字を入れなさい。また、――線部の慣用句の意味を後の□からそれぞれ一つずつ選び、記号で答えなさい。

① 祖父からの手紙を□を長くして待つ。

② まるで□をつかむような話だ。

③ すばらしい劇に□を巻く。

④ 優勝したのを□にかける。

⑤ 全く□が折れる仕事だ。

⑥ 私は□にすえかねて家を飛び出した。

（意味）

ア　怒《いか》りをこらえきれない

イ　とりとめがない

ウ　あきていやになる

エ　自慢《じまん》する

オ　まちこがれる

カ　度胸がある

キ　苦労する

ク　驚《おどろ》き、ほめる

四

最近、交通事故が多発しています。そこで、あなたは六年生として何かできることはないかと思い、「交通事故から身を守るために」というテーマで、クラスで話し合いをすることにしました。次の【話し合い】にそって、後の【条件】にしたがって書きなさい。

【話し合い】

司会……今から、交通事故から身を守るために、六年生で何かできることはないかを話し合いたいと思います。実際に行われている取り組みや身近な出来事から考えて意見を出してください。

あなた…はい。（　　　　　　　　）

【条件】
① 原稿用紙の書き方にしたがって書くこと。
② 一段落目には、あなたの意見を書くこと。
③ 二段落目には、その理由を自分の体験をもとに書くこと。
④ 百六十一字から二百字で書くこと。

令和４年度前期 中学校 試験問題 算　数

（50分）

注　意　事　項

1．問題用紙や解答用紙が配られても、「はじめ」という指示があるまでは、問題用紙を開いたり、解答を記入したりしてはいけません。

2．「はじめ」という指示で、まず解答用紙に自分の**受験番号と氏名**を記入し、問題をときはじめなさい。

3．**答えはすべて、解答用紙に記入しなさい。**なお、※印らんには何も記入してはいけません。

4．質問があるときや、気分が悪くなったときは、だまって手をあげなさい。

5．解答の記入が終わっても、「やめ」という指示があるまでは自分の席で静かに待っていなさい。

6．試験終了《しゅうりょう》後、監督者《かんとくしゃ》の指示にしたがって、**解答用紙**を提出しなさい。なお、**問題用紙**は持ち帰りなさい。

解答上の注意事項

○　答えが分数になるときは、約分をしてもっともかんたんな形で表すこと。
○　円周率は3.14として計算すること。

1　次の計算をしなさい。

(1)　$7+13\times15$

(2)　$40023-2049$

(3)　$2\frac{2}{3}+\frac{5}{8}-1\frac{1}{6}$

(4)　$6\times0.42+11\times0.42+3\times\frac{21}{50}$

2　次の［　　］にあてはまる数を答えなさい。

(1)　42と63の公約数は［　　］個あります。

(2)　秒速［　　］mは、時速45kmです。

(3)　Ａさんの国語、算数、理科３教科の平均点は79点でしたが、社会が［　　］点だったので平均点が４点上がりました。

(4)　○、△、□は３つの数を表しています。○は△より８大きい数、△は□より４大きい数であり、３つの数の合計は73です。△が表している数は［　　］です。

(5)　ＡさんとＢさんは２人でゲームソフトを買いに行きました。その時の所持金の差は1200円でした。２人は同じゲームソフトを買いました。ゲームソフトの値段は［　　］円で、Ａさんの所持金の$\frac{7}{8}$、Ｂさんの所持金の$\frac{3}{4}$でした。

3 次の(1)～(3)の各問いに答えなさい。

(1) 1辺の長さが10㎝の正三角形の形をした白いタイルと黒いタイルをすき間なく並べて大きな正三角形をつくります。例えば、1辺の長さが40㎝の正三角形をつくると、右の図のようになります。次の①～③の各問いに答えなさい。

① 1辺の長さが50㎝の正三角形をつくるとき、白いタイルは何枚必要ですか。

② 1辺の長さが120㎝の正三角形をつくるとき、白いタイルと黒いタイルは合わせて何枚必要ですか。

③ 白いタイルと黒いタイルが50枚ずつあるとき、つくることができるもっとも大きな正三角形の1辺の長さは何㎝ですか。

(2) 右の図のように、ふくろAには3, 6, 7、ふくろBには+, ×、ふくろCには2, 4, 5、とかいてあるカードが1枚ずつ入っています。

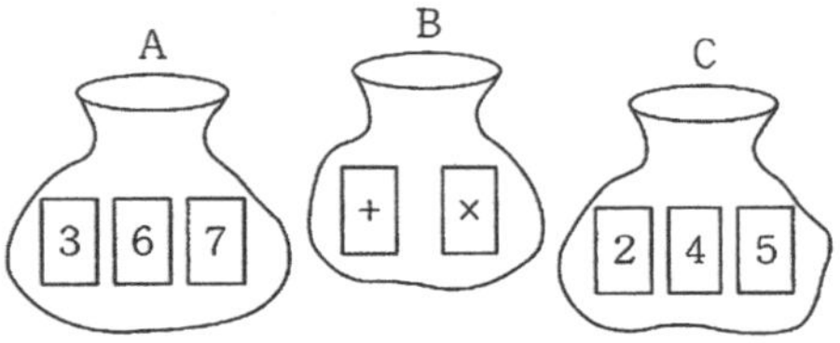

3つのふくろからカードを1枚ずつ取り出し、Aから取り出したカード、Bから取り出したカード、Cから取り出したカードの順に並べ、並べた順に計算をします。次の①，②の各問いに答えなさい。

① 計算した答えが12になる組み合わせは全部で何通りありますか。

② 計算してできる答えは全部で何種類ありますか。

(3)　A地点とB地点を往復するマラソン大会に、太郎さんと次郎さんと三郎さんの３人が参加し、A地点を同時に出発しました。太郎さんが走る速さは分速 190 m、次郎さんが走る速さは分速 176 mで、２人は常に一定の速さで走るものとします。次の①～③の各問いに答えなさい。

①　太郎さんが６分間で走る道のりは何mですか。

②　次郎さんは出発して９分後に、B地点を折り返してきた太郎さんと出会いました。A地点とB地点の間の道のりは何mですか。

③　三郎さんがB地点で折り返したとき、先にB地点を折り返し、B地点から 40 m前方を走る次郎さんの後ろ姿が見えました。三郎さんはそれを見て速度を上げて次郎さんを追いかけたところ、２分 30 秒後に追いつきました。B地点から次郎さんに追いつくまでの三郎さんの速さは分速何mですか。ただし、三郎さんはB地点から次郎さんに追いつくまで一定の速さで走るものとします。

4 次の(1)～(4)の各問いに答えなさい。

(1) 右の図の三角形で㋐の角の大きさは何度ですか。

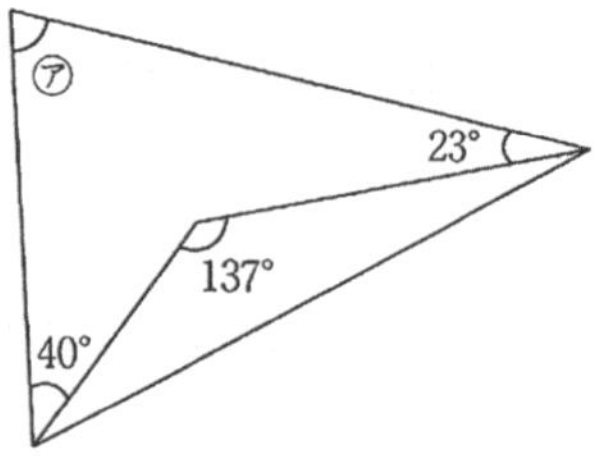

(2) １辺の長さが７cmと９cmの正方形が右の図のように重なっています。色のついた部分の面積は何cm²ですか。

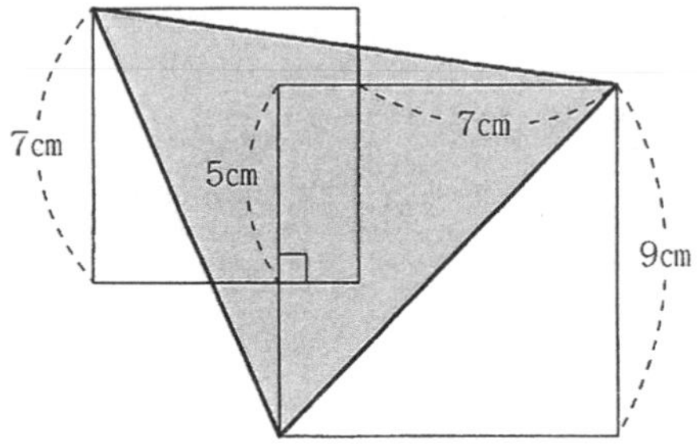

(3) 右の図は、１辺の長さが６cmである正方形ＡＢＣＤに、頂点Ａを中心とする半径６cmの円を４等分したものと、辺ＢＣ、ＣＤをそれぞれ直径とする半円を重ね合わせたものです。色のついた部分の周り（太線）の長さは何cmですか。

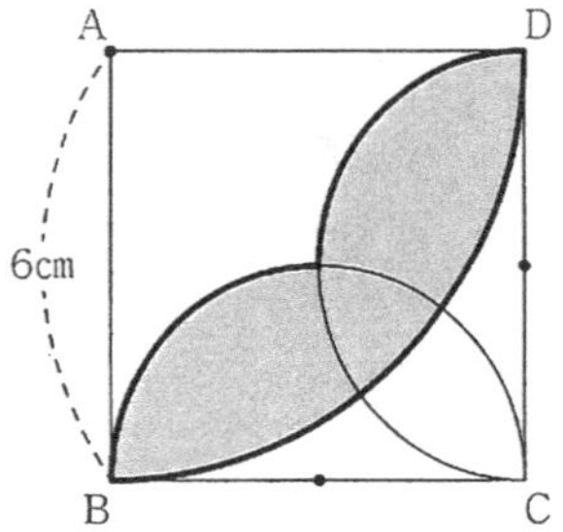

令和四年度前期　中学校

国語　解答用紙

※合計

受験番号

氏名

※100点満点

一

※

- 問一
  - ㋐ カギらず
  - ㋑ 河原
- 問二
- 問三
- 問四
  - (1) という戦い方
  - (2)
- 問五
  - ・ という事実
  - ・ という事実
- 問六
- 問七
  - ㋐
  - ㋑
  - ㋒
  - ㋓
- 問八

問一．１点×２
問二．２点
問三．３点
問四．３点×２
問五．３点×２
問六．３点
問七．２点×４
問八．３点

二

※

- 問一
  - ㋐ ソウダン
  - ㋑ カせ
  - ㋒ カチ
  - ㋓ サイバン
  - ㋔ ケンリ
  - ㋕ ココロエ
  - ㋖ シカク
- 問二
- 問三
- 問四

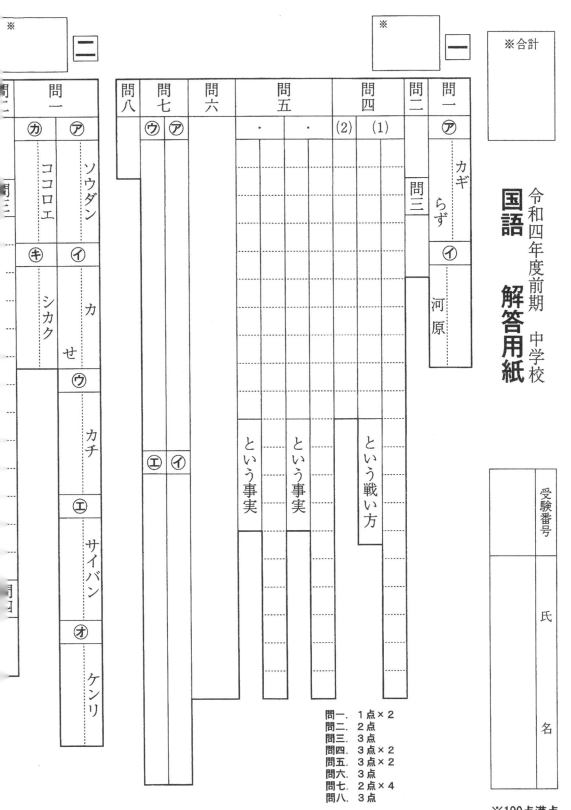

枚	枚	cm	通り	種類

(3)		
①	②	③
m	m	分速　　m

4

4点×4

(1)	(2)	(3)	(4)
度	cm^2	cm	cm^3

※

5

4点×4

(1)	(2)	(3)	(4)
cm	cm^3	cm	分　　秒後

※

令和４年度前期　中学校
算数　解答用紙

受験番号	氏　　名

※100点満点

※合計

1

(1)	(2)	(3)	(4)

4点×4

※

2

(1)	(2)	(3)	(4)	(5)
個	秒速　m	点		円

4点×5

※

3

(1)	(2)

4点×8

※

【解答

三 ※

問一

①	②	③	④	⑤
速やか	眼鏡	清水	練る	タズネル

⑥	⑦	⑧	⑨	⑩
ヒヒョウ	テンラン	シタガウ	チョゾウ	ケントウ

⑪	⑫	⑬	⑭	⑮
ボウエキ	ホウフ	シショウ	フルい	ミンシュウ

問二

①	②	③

問三

①	②	③	④	⑤
□想□外	前代□□	一□一□	大□□成	花□風□

問四

	主語	述語
①		
②		
③		

問五

	意味
①	
②	
③	
④	
⑤	
⑥	

問一．１点×15
問二．１点×３
問三．１点×５
問四．完答１点×３
問五．完答１点×６

四 ※

161

200

10点

問六

問七

問
問
問
問
問
問
問

【解答用

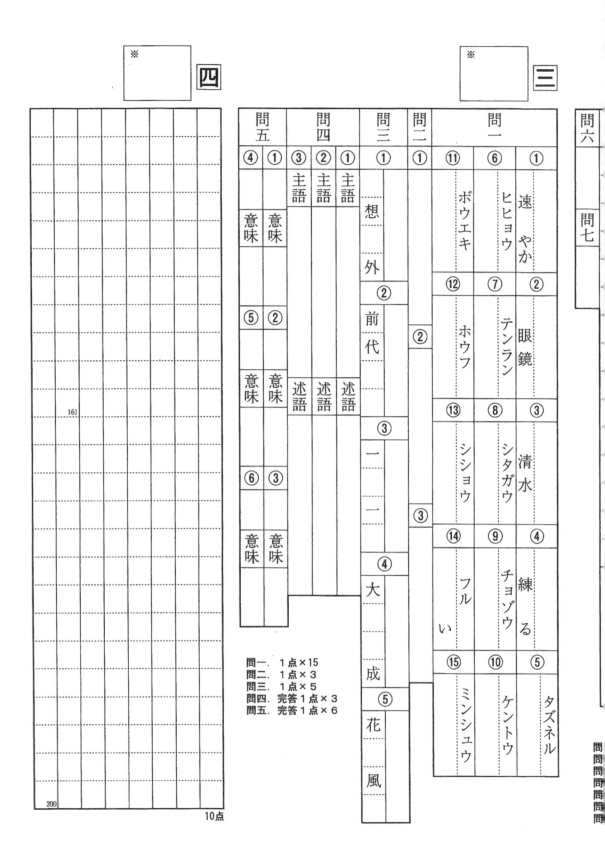

(4)　右の図は、直方体から三角柱を取りのぞいた立体です。
　この立体の体積は何cm³ですか。

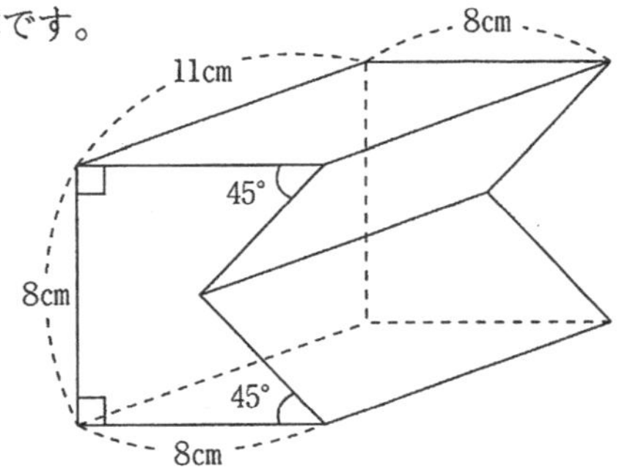

5 底面が１辺30 cmの正方形で、高さが50 cmの直方体の水そうがあります。この水そうの中に、〔図１〕のようにおもりＡ、おもりＢ、おもりＣの３つのおもりを入れた後、水を一定の割合で入れます。おもりＡとおもりＢは直方体、おもりＣは三角柱で、〔図２〕は〔図１〕を真上から見た図です。また、高さはおもりＡが一番高く、おもりＣが一番低いです。〔図３〕は、水そうに水を入れ始めてからの時間と水そうの底面から水面までの高さの関係を表したグラフです。次の(1)～(4)の各問いに答えなさい。ただし、水そうの厚さは考えないものとします。

〔図１〕

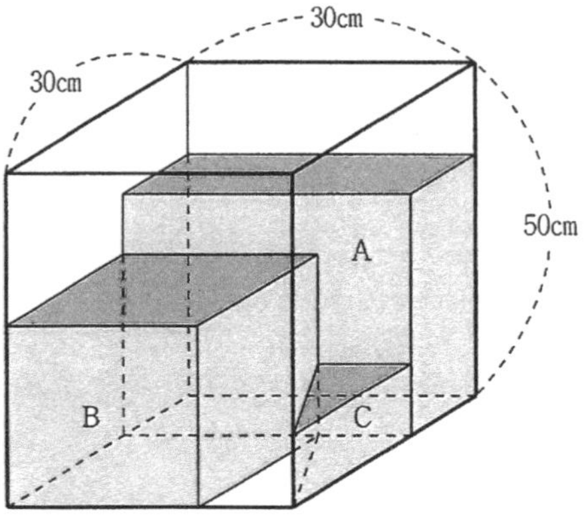

〔図２〕

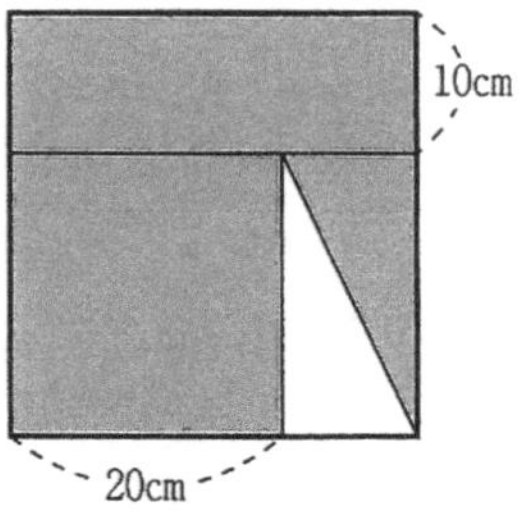

〔図３〕

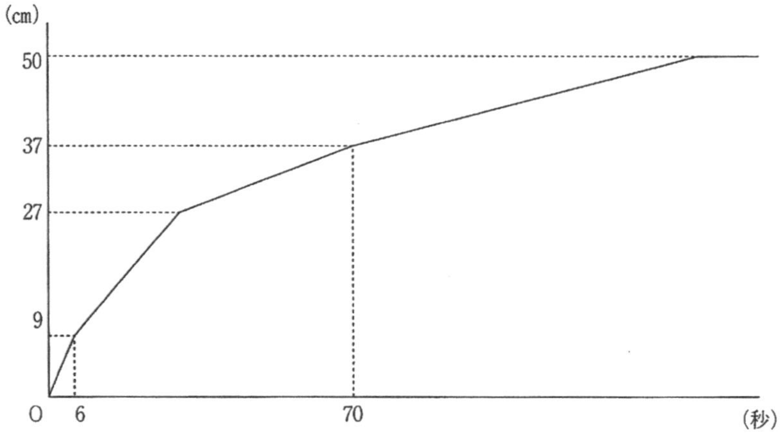

(1)　おもりＡの高さは何cmですか。

(2)　1秒間に水そうに入る水の量は何㎤ですか。

(3)　水を入れ始めてから46秒後の水そうの底面から水面までの高さは何cmですか。

(4)　水そうの底面から水面までの高さが50cmになるのは、水を入れ始めてから何分何秒後ですか。

2022(R4) 成穎中
K 教英出版

2022(R4) 成穎中
教英出版